Olivia Moogk

Neun erfolgreiche Strategien für Gewinner

Olivia Moogk

Feng Shui

Neun
erfolgreiche
Strategien für
Gewinner

||||||||||||||||||||||||||||| SILBERSCHNUR |||||||||||||||||||||||||||||

Wir danken der Firma Welonda aus Darmstadt
für das Zurverfügungstellen der Einrichtungsbilder für Wella.

© Verlag »Die Silberschnur« GmbH

ISBN 3-931 652-54-8

1. Auflage 2000

Kalligraphien: Hoh Ying Ping, St. Augustin

Lektorat: Silva Jelen, Herrenberg
Cover- und Innengestaltung: dtp XPresentation, Boppard
Druck: FINIDR 🖳 s. r. o., Český Těšín

Verlag »Die Silberschnur« GmbH · Steinstraße 1 · D-56593 Güllesheim

www.silberschnur.de
e-mail: info@silberschnur.de

Inhaltsverzeichnis

Danksagung 7

Vorwort 9

Die Grundlagen der neun erfolgreichen Strategien 13

Zufriedene Kunden und gute Bilanzen 21

Strategie 1: Erfolg durch Tai Chi 29

Strategie 2: Erfolg durch Chien 43

Strategie 3: Erfolg durch Tui 59

Strategie 4: Erfolg durch Ken 75

Strategie 5: Erfolg durch Li 87

Strategie 6: Erfolg durch Kan 99

Strategie 7: Erfolg durch Kun 123

Strategie 8: Erfolg durch Chen 135

Strategie 9. Erfolg durch Sun 147

Schlusswort 159

Antwortbogen 161

Über die Autorin 163

Literaturverzeichnis 165

Danksagung

Ich danke der Fügung, die mich dieses Buch schreiben ließ. Wie so vieles in meinem Leben entstand es durch die Hilfe und Unterstützung meiner Familie, insbesondere meines Mannes, Hans, und meiner Kinder. Ich danke den vielen Menschen, die mich in meinem Unternehmen das vorliegende Buch zu schreiben bestärkten. Ich danke insbesondere meinen Feng Shui-Schülern, die mich bewegten, das im Unterricht Gesagte auch zu veröffentlichen. Auch meinen chinesischen Lehrern sei Dank, die mich den Inhalt des vorliegenden Buches lehrten und mich baten den ursprünglichen Geist des Feng Shui in den Westen zu tragen. Hier nun ist die Essenz dessen, was ich in den letzten fünfzehn Jahren erlernt, angewendet und weitergegeben habe. Die neun Strategien führten in der Tat, an wen auch immer ich sie weitergab, zum Erfolg der betreffenden Personenkreise, ob es sich um Privatpersonen oder Firmenmanager handelte. Meister des Feng Shui beherzigen die neun Strategien für sich selbst und geben sie bei den Beratungen subtil weiter.

Ich wünsche Ihnen erfolgreiches Handeln und die Erfüllung Ihrer persönlichen Vorhaben. Gewinnen Sie das im Leben, was Sie sich wünschen: Gesundheit, eine glückliche Partnerschaft, die Anerkennung Ihrer Leistungen, gute familiäre Beziehungen, Reichtum, Karriere, glückliche und gesunde Kinder, sowie gute Beziehungen zu anderen, Zeit zum Ruhen und Zeit, um Spaß am Leben zu haben.

Möge dieses Buch allen eine Bereicherung auf ihrem Weg zu einem ganzheitlichen Feng Shui sein, Sie beflügeln und Ihre Fähigkeiten und Kräfte zu Ihrem und aller Wohle wecken.

Wenn du von einem bedeutenden Vorhaben, einem außergewöhnlichen Projekt beflügelt bist, dann sprengen all deine Gedanken ihre Ketten; dein Geist überschreitet Begrenzungen, dein Bewusstsein dehnt sich nach allen Richtungen aus, und du befindest dich unvermutet in einer neuen, bedeutenden und wundervollen Welt. Schlummernde Kräfte, Fähigkeiten und Talente erwachen zum Leben, und du stellst fest, dass du ein weitaus bedeutenderer Mensch bist, als du dir je hast träumen lassen.

Patanjali

Vorwort

Die Arbeit macht einen Großteil des Lebens aus. Um dabei Spaß und den erwünschten Erfolg und Nutzen zu haben, ist nicht nur der Wille zum Erfolg notwendig, sondern auch die richtige Strategie und Motivation.

Erfolgreiche Geschäftsleute auf der ganzen Welt verfolgen daher die Prinzipien von Feng Shui. Sie beachten bewusst oder auch unbewusst in ihrem Business die Gesetzmäßigkeiten, die primär mit dem geistigen Feng Shui zu tun haben, verlieren aber das Bauen und Einrichten ihrer Wohn- und Geschäftsräume nach den entsprechenden Prinzipien nicht aus den Augen. Nichts wird dem Zufall überlassen. Seit einiger Zeit werden Jahrtausende alte Regeln wieder aufgegriffen, die zum Erfolg in der modernen Zeit des zwanzigsten Jahrhunderts beitragen. Veränderungen finden statt und neue Ideen werden verwirklicht.

Dem erfolgreichen Handeln geht in erster Linie die Inspiration voraus, der Gedanke, der der Impuls für Veränderungen ist. Weiter wird Begeisterung und Freude und besonders die unterstützende Wirkung eines guten Designs der Wohn- und Geschäftsräume den Erfolg der Zukunft bestimmen.

Ein gutes Mit- und Füreinander der Geschäftspartner wird außerdem die Folge von geistigem Feng Shui sein.

Beide Arten des Feng Shui wechseln im vorliegenden Buch zwischen der Sichtweise des Kunden und der des Geschäftspartners, andererseits können sich auch die Leserin und der Leser selbst überprüfen. Aus der richtigen Denkweise resultieren die Inspirationen für erfolgreiches Handeln auf der ganzen Linie. Feng Shui, das Prinzip von Wind und Wasser, ist ein Impulsgeber, der Sie zum Handeln animiert. Betrachtet wird es hier aus einer neuen Perspektive – nämlich ausgehend vom so genannten *Bagua*.

Das *Bagua* ist eine Achteckform, die aus neun Bereichen besteht. Ein zentraler Raum ist mittig angeordnet, acht weitere Räume sind um diesen herum gruppiert. Im Sinne von *Imagery* werden Sie im Verlauf dieses Buches die neun geistigen

9

Räume visualisieren, so wie Sie mit der Außenwelt – der Art wie Sie sich einrichten und nach außen hin geben – in Verbindung stehen.

Das geistige Feng Shui spricht alle Sinne an. Aus den Beobachtungen und dem Wissen um Zusammenhänge werden Sie neue Impulse für Ihr Business erhalten. Selbst Geschäftsleute, die sich bislang mit den verschiedensten Strategien im Business-Sektor befasst haben, werden sehr schnell merken, wie sie in einfacher Weise Klarheit darüber erlangen, in welchem der neun Bereiche die Schwachstellen oder Stärken ihres Erfolges liegen.

Sie erreichen damit gute Kontakte zu Ihren Geschäftspartnern und ein freundliches und gesundes Mitarbeiterklima, in dem jeder imstande ist, sein Bestes zu geben und kreativ und innovativ zu sein.

So ist es möglich, dass sich das Betriebsklima harmonisiert, die Einstellung zu Vorgesetzten und Geschäftspartnern positiv verändert. Stressabbau, Kreativität, Motivation und ein angenehmes Betriebsklima sind die positive Folge.

Was im Inneren bewegt wird, zeigt sich im äußeren Ambiente ebenso. Anregende Treffpunkte zum Gedankenaustausch und ein Interieur der Freude und Kreativität zu schaffen, werden die natürliche Folge von entsprechenden Gedankenimpulsen sein. Ruheräume können dagegen inspiriert durch das geistige Feng Shui mit farbigem Licht und beruhigender Musik ausgestattet werden.

Ihnen als Unternehmerin oder Unternehmer ist klar, dass mehr als nur Knowhow nötig ist, um gute Geschäftsabschlüsse zu tätigen. Tatsächlich liegen sie zu 70 % im Wirkungsbereich der Gefühlswelten, und genau hier zeigen sich die besonderen Stärken des geistigen Feng Shui.

Sehen wir einem neuen Abschnitt in der Business-Geschichte entgegen, in dem auf der Ebene der Imagination die Einheit von sichtbarer und gedanklicher Ebene hergestellt wird, mit dem Ergebnis der positiven Wirkung auf die Klientel, die Mitarbeiter und Kollegen.

Dieses Buch will Ihnen mit dem geistigen Feng Shui einen Schlüssel in die Hand geben, um Ihnen zu helfen, bewusst Erfolg zu kreieren, Ihre Gesundheit zu fördern und Freude bei dem, was Sie tun, zu empfinden.

Ich freue mich, dass Sie in diesem Buch gelandet sind.

Viel Freude, Inspiration und erfolgreiches Handeln wünscht Ihnen
Ihre Olivia Moogk

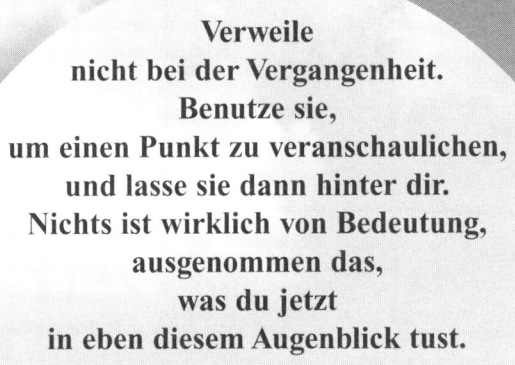

Verweile
nicht bei der Vergangenheit.
Benutze sie,
um einen Punkt zu veranschaulichen,
und lasse sie dann hinter dir.
Nichts ist wirklich von Bedeutung,
ausgenommen das,
was du jetzt
in eben diesem Augenblick tust.

Von diesem Moment an
kannst du ein vollkommen
anderer Mensch sein,
voller Liebe und Verständnis,
positiv und innerlich gehoben
bei allem Denken und Tun.

11

Die 9 FENG SHUI-BEREICHE...

Süden

Südosten · Südwesten

LI

CHEN · **KUN**

Osten · Westen

SUN · **TAI CHI** · **TUI**

KEN · **CHIEN**

Nordosten · Nordwesten

KAN

Norden

erfolgreichen Denkens und Handelns

Die Grundlagen der neun erfolgreichen Strategien

Die Grundlage erfolgreicher Strategien ist das Wissen von Feng Shui: Wind und Wasser. Wind umfasst alle Einflüsse, die von oben, himmelwärts, kommen, und Wasser alle Einflüsse, die von der Erde, dem Boden herrühren. Zwischen Wind und Wasser lebt der Mensch. Seine Lebensräume, die Gebäude, sind Witterungs- und Sonneneinflüssen ausgesetzt. Das Erdreich, auf dem gebaut wird, ist mehr oder weniger günstig für Menschen. Es kann nicht gesund und förderlich sein, über Störzonen der Erde wie Erdspalten, Verwerfungen und Wasseradern zu bauen. Denn das bringt nicht nur Gebäudeschäden, es bringt auch Krankheiten und verminderte Arbeitsenergie mit sich. Überall auf der Welt sind großartige Bauwerke nach den Prinzipien von Wind und Wasser, Feng Shui, erbaut worden. Der Boden wurde untersucht, und man benutzte das Wissen um Windrichtungen, den Wasserverlauf und den Sonnenstand. Höhenunterschiede, Gräben und die Ansammlung von Wasser in Mulden wurden in ihrer unterschiedlichen Wirkung auf Menschen untersucht. Dabei orientierte man sich an dem so genannten goldenen Schnitt, der auch dem Bauplan des menschlichen Körpers zugrunde liegt.

5.000 Jahre Feng Shui beruhen auf Beobachtung der Natur

Die Form der Gebäude wurde von der Landschaft inspiriert und entsprechend angepasst

Im Interieur bilden der Fußboden und das Mobiliar den Bezug zur Erde: Shui. Die Decke steht in Verbindung zum Himmel, zur Licht- und Luftbeschaffenheit: Feng. Zusammen ergeben sie eine Atmosphäre der Harmonie und des Gleichgewichts oder wirken störend und hemmend, entmutigend und möglicherweise destruktiv.

Über tausende von Jahren beobachtete man, dass es günstig ist, wenn man an dem inneren Rand eines Flussbettes sein Gebäude aufstellt, damit es vom Wasser gewissermaßen umarmt werde.

Auch beobachtete man, dass man auf dem höchsten Punkt eines Berges den Winden stark ausgesetzt ist und dies nicht förderlich für Unternehmungen sei. In unserer modernen Welt sieht das beispielsweise so aus, dass ein Büro in der Spitze eines Hochhauses nicht nur den Winden zu stark ausgesetzt ist, die Aufmerksamkeit schweift auch mit den Wolken dahin und lenkt von der Arbeit ab. In einem Hochhaus in Hongkong befindet sich beispielsweise die Bank of China, die Schwierigkeiten hat, die obersten Stockwerke zu vermieten. Das liegt teilweise an der dreieckigen Grundform des Gebäudes, andererseits aber auch daran, dass die obersten Stockwerke so hoch liegen, dass die Aufmerksamkeit tatsächlich mit den Wolken davon schwebt. Hier ist der Rat der Feng Shui-Experten gefragt. Sie müssten alles unternehmen, um mit der Art der Einrichtung, den Farben und Materialien, die Aufmerksamkeit im Raum verweilen zu lassen, damit sie nicht mit den Wolken davon eilt.

Durch die Prinzipien des Feng Shui erklärt sich aber auch, warum es schwieriger ist, ein Ladengeschäft an einer Bundesstraße zu unterhalten (zu viel und zu schneller Verkehrsfluss!) als in einer Fußgängerzone.

Unsere Vorfahren haben sich diese Beobachtungen stets zunutze gemacht. Alle natürlichen Vorkommnisse und menschlichen Handlungen wurden holistisch gesehen. In der heutigen Zeit geht es darum, sich wieder zurück zu besinnen, sich zu erinnern an Potentiale, die verstaubt und antiquiert schienen, aber gerade jetzt, in der Gegenwart, so nützlich sein können. Ursprünglich hat man sich Gedanken gemacht, wie man sich in eine Gemeinschaft einbringen, sie unterstützen und sich integrieren kann.

Ich möchte Ihnen veranschaulichen, was Feng Shui in der heutigen Zeit für die Geschäftswelt bedeutet:

1. Bauen wir die Geschäftszentren so, dass sie sich in die Landschaft harmonisch einfügen, so wie das Vogelnest, das kaum merklich im Baum verankert ist.

2. Sorgen wir für Stellen außerhalb und innerhalb der Geschäftsräume, wo Menschen sich ungestört einfinden können, so wie sich auf einer Lichtung im Wald die Tiere versammeln.

3. Wählen wir statt langer, gerader Flure und Fluchten kürzere und führen die Kunden und Mitarbeiter auf gewundenen Wegen durch die Räumlichkeiten. So, wie sich auch der Fluss durch die Landschaft windet und kein Ast in der Natur wirklich geradlinig ist.

4. Nutzen wir die Räume entsprechend der Wirkung des Tageslichtes. Der Mensch ist wie die Pflanze. In der Natur recken sich die grünen Blätter zum Licht hin, und die Blüten der Sonnenblumen verändern ihre Richtung mit dem Sonnenstand.

Apropos Tageslicht! Haben Sie sich schon einmal Gedanken darüber gemacht, welche Wirkung auf die Arbeitsleistung ein im Norden gelegener Raum haben könnte? In erster Linie werden Sie sicher feststellen, dass

er dunkler und kühler wirkt als ein Raum im Süden. Prüfen Sie selbst, in welchem Raum Sie persönlich mehr leisten können, sich wohler fühlen und gern Ihre Zeit verbringen. Schauen Sie dazu in der Tabelle der Geburtsjahre nach Ihren günstigsten Richtungen. Diese werden Sie stärken bei dem was Sie tun, und Sie werden in diesem Zusammenhang beobachten können, wie Ihre Arbeitsleistung linear mit Ihren Power-Himmelsrichtungen zunimmt.

Ming Kwa Zahlen für Männer und Frauen

Jahr	Ming Kwa Männer	Ming Kwa Frauen	Jahr	Ming Kwa Männer	Ming Kwa Frauen	Jahr	Ming Kwa Männer	Ming Kwa Frauen
1900	1	8	**1935**	2	4	1970	3	3
1901	9	6	**1936**	1	8	1971	2	4
1902	8	7	1937	9	6	**1972**	1	8
1903	7	8	1938	8	7	1973	9	6
1904	6	9	**1939**	7	8	1974	8	7
1905	2	1	**1940**	6	9	1975	7	8
1906	4	2	1941	2	1	**1976**	6	9
1907	3	3	1942	4	2	1977	2	1
1908	2	4	**1943**	3	3	1978	4	2
1909	1	8	**1944**	2	4	1979	3	3
1910	9	6	1945	1	8	**1980**	2	4
1911	8	7	1946	9	6	1981	1	8
1912	7	8	**1947**	8	7	1982	9	6
1913	6	9	**1948**	7	8	1983	8	7
1914	2	1	1949	6	9	1984	7	8
1915	4	2	1950	2	1	1985	6	9
1916	3	3	1951	4	2	1986	2	1
1917	2	4	**1952**	3	3	**1987**	4	2
1918	1	8	1953	2	4	**1988**	3	3
1919	9	6	1954	1	8	1989	2	4
1920	8	7	1955	9	6	**1990**	1	8
1921	7	8	**1956**	8	7	**1991**	9	6
1922	6	9	1957	7	8	**1992**	8	7
1923	2	1	1958	6	9	1993	7	8
1924	4	2	1959	2	1	**1994**	6	9
1925	3	3	**1960**	4	2	**1995**	2	1
1926	2	4	1961	3	3	**1996**	4	2
1927	1	8	1962	2	4	1997	3	3
1928	9	6	1963	1	8	1998	2	4
1929	8	7	**1964**	9	6	**1999**	1	8
1930	7	8	1965	8	7	**2000**	9	6
1931	6	9	1966	7	8	2001	8	7
1932	2	1	1967	6	9	2002	7	8
1933	4	2	**1968**	2	1			
1934	3	3	1969	4	2			

Fettgeschriebene Jahre beginnen am 5. Februar, alle anderen am 4. Februar

Die Richtungen und Bedeutungen der Ming-Kwa-Zahlen

Ming-Kwa-Zahlen	R i c h t u n g e n			
	Friedvolle und gute Bewältigung von Angelegenheiten	Vitalität, Glück und Ruhm, große Errungenschaften	Himmlischer Arzt, guter Erfolg, Wohlstand, Freunde und hilfreiche Menschen	Langlebigkeit, gutes Einkommen, Familienharmonie, Arbeitsharmonie
1	N	SO	O	S
2	SW	NO	W	NW
3	O	S	N	SO
4	SO	N	S	O
6	NW	W	NO	SW
7	W	NW	SW	NO
8	NO	SW	NW	W
9	S	O	SO	N

Die Bedeutung der anderen Richtungen wurde nicht erwähnt, da diese weniger günstig sind.

Wenn der Tag so beginnt, dass Sie mit der Morgen-(Ost)-Sonne geweckt werden, so bekommen Sie eine Extra-Portion ultravioletten Lichtes. Dieses bringt den gewissen Extra-Schwung für den Tag, gibt Ihnen genügend Power für die Erledigung Ihrer Aufgaben und zur Erreichung Ihrer Ziele.

Wasser ist neben Licht der zweitwichtigste Faktor des Erfolgs. In diesem Zusammenhang ist es aus Feng Shui-Sicht interessant, dass die Räume mit einem Ausblick auf Wasser, wie beispielsweise einen See, Fluss oder sogar auf das Meer, die Räume sind, die nicht nur in Hotels die begehrtesten sind. Sie stimulieren auch die Geschäftsleitung zu mehr Kreativität. Nun könnten Sie zurecht sagen, dass nicht jeder sein Büro oder Geschäft in der Nähe eines Teiches, Sees oder Flusslaufes haben kann. Im Feng Shui finden Sie dafür jedoch den Rat, ein so genanntes „kleines Wasser" anzulegen, einen künstlichen Wasserlauf oder ein Biotop. Wasser sollte sich auf der Gesichtsseite des Hauses befinden. Das ist dort, wo die großen Fensteröffnungen sind,

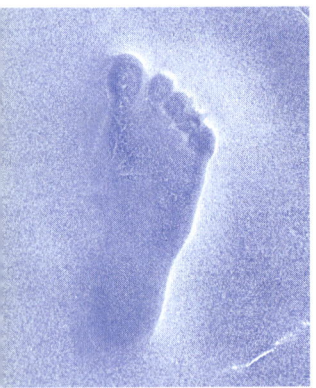

die Balkone und Terrassen. Wasser ist auch in Innenhofarealen eine willkommene Energiequelle für gute Arbeitsleistungen. Im Inneren der Räume hingegen kann man mit Springbrunnen nicht nur die Luft befeuchten, es wird auch das kreative Potential gefördert.

Die neun erfolgreichen Strategien beginnen mit dem aktuell Möglichen, sie verbinden den Geist mit der Materie. Die meisten Menschen beginnen aus einem Impuls zu handeln. Dieser ist ein sichtbar gewordener Gedanke. Sind wir uns aber immer dieser Auslöser bewusst? Was veranlasst uns zu handeln, und wie können wir bewusst das Schicksalsrad zu unseren Gunsten drehen?

Beginne mit dem Möglichen;
beginne mit einem Schritt.

P.D. Ouspensky und G. J. Gurdijeff

In diesem, Ihnen vorliegenden Buch, wird der Fokus auf neun verschiedene Punkte des Denkens gelenkt, die den Erfolg im Leben beschleunigen. Fazit: Jeder Mensch kann die Kenntnisse des Feng Shui für sich erfolgreich verwenden, um sein Leben ganz bewusst gestalten zu können. Interessanterweise standen sie vor tausenden von Jahren nur den herrschenden Kreisen zur Verfügung. Heute kann sie jeder für sich und seine Bedürfnisse nutzen oder sie für seine Geschäftserfolge anwenden.

So braucht in Zukunft jeder Gewerbetreibende diese Kenntnisse für sein Business wie für seine Familie und Privatsphäre, um auch dort regenerierende und harmonisierende Kräfte walten lassen zu können und bewusst in sein Schicksal einzugreifen.

Feng Shui wirkt auf jede menschliche Zelle und erzeugt durch das Resonanzverhalten – wie außen so innen – Gesundheit und Wohlbefinden, nicht nur bei der Geschäftsleitung, sondern bei allen Mitarbeitern und Kollegen. Es ist ein Segen, weniger Ausfall durch kranke Angestellte zu haben und zu sehen, dass die Belegschaft mit Freude zur Arbeit geht, weil das innerbetriebliche Klima mit Feng Shui sehr angenehm ist. Aber nicht nur das Unternehmen selbst bekommt eine starke Anziehungskraft für andere, es ist auch die persönliche Ausstrahlung des Managements, die gewinnt.

Ziehen wir Nutzen aus den Ideen von Wind und Wasser, einem komplexen System, das man selbst oder durch erfahrene Experten in seinen Räumen anwenden kann.

Das Vertrauen vermag alles,
es bewirkt Wunder

Therese von Lisieux

Zufriedene Kunden
und gute Bilanzen

In einer ausgeglichenen, harmonischen Arbeitsathmosphäre ist jeder imstande, sein Bestes zu geben, sodass Vitalität und Engagement die natürlichen Folgen sind. Die guten Bilanzen und die Zufriedenheit auf Seiten des Unternehmens wie der Geschäftspartner sind zu einem großen Teil das Resultat von angewandtem Feng Shui. Haben Sie sich beispielsweise dem Bereich „Kan" genähert und sich mit dem innerlichen wie äußerlichen Fluss beschäftigt, so werden bei Ihnen Springbrunnen in Zukunft nicht mehr im Interieur fehlen.

Springbrunnen vermitteln das Gefühl der Naturnähe und geben den Räumen genügend Luftfeuchtigkeit, sodass die Kunden und Angestellten nicht so schnell ermüden, ihre Schleimhäute nicht austrocknen und sie sich wohlfühlen. Das Resultat: gut gehende Geschäfte!

Der Lauf des menschlichen Lebens gleicht dem eines Flusses,
der kraft seiner eigenen Schnelligkeit neue und unvorhergesehene
Bahnen zieht, eben dort, wo sich zuvor keine Strömung befand ...

Rabindranath Tagore

Wenn man gut funktionierende Unternehmen analysiert, die erfolgreich agieren, dann erkennt man sehr schnell, dass sie bereits ausgezeichnete Kenntnisse über Feng Shui haben, ohne dies zu ahnen.

Ein Umfeld von Schönheit, Ästhetik und Harmonie im inneren wie äußeren Umfeld zu schaffen, ist das Anliegen. Die Ausstrahlung und Anziehungskraft auf andere werden in dem Maße zunehmen, wie Sie selbst und Ihre Kollegen und Mitarbeiter sich wohlfühlen. Das entspricht einem holistischen Denken. Erfolgreich ist man in einem Ambiente von Dingen, die für das Auge angenehm sind. Möbel, die man gern berührt, Bilder, die aufbauen, und Einrichtungsanordnungen, die neue, kreative Wege im Business eröffnen. Die einen nennen es Zufall, die anderen nennen es *Feng Shui für erfolgreiches Handeln.* Was diesen Faktor ausmacht, will ich Ihnen auf den nachfolgenden Seiten näher bringen.

Das Wirkungsvollste, was du tun kannst, um die Welt zu ändern,
besteht darin, deine eigenen Anschauungen
über das Wesen des Lebens, der Menschen
und der Wirklichkeit mehr zum Positiven hin zu ändern ...
und anzufangen, dementsprechend zu handeln.

Shakti Gawain

- **Zufriedene Kunden**
- **Motivierte Mitarbeiter**
- **Mehr Umsatz**
- **Marktführung**

Nichts ist zufällig! Denn was einem *zu-fällt* ist die Folge von Ereignissen, die man selbst verursacht hat. Schaffen Sie sich ein Klima des Erfolges, und arbeiten Sie auf mehreren Ebenen, nämlich im Bewusstsein, auf der Gefühlsebene und im äußeren Ambiente zugleich. Ihre Kollegen und Mitarbeiter spüren den Unterschied sehr schnell. Sie alle fühlen sich motivierter, kommen gern zur Arbeit, sind weniger krank und stattdessen bereit, ihr Bestes zu geben. Auch jeder Ladenkunde spürt, dass Feng Shui „in der Luft" liegt.

Die Botschaft,
die Sie senden ist:

Sei willkommen,
trete ein, verweile,
fühle dich wohl
und empfiehl uns weiter!

Bevor wir diesen Schritt gehen, lade ich Sie ein, eine Art Klärung und Bestandsaufnahme dessen vorzunehmen, was Sie innerlich bewegt, und an welchen Punkten Sie unter Feng Shui-Aspekten noch bewusst Veränderungen Ihrer Sichtweisen vornehmen wollen. Es ist dies eine Art Aufmerksamkeit, ein Spot in eine Richtung, die in manchen Fällen eher ein Schattendasein führte. Dabei geht man davon aus, dass zunächst geistige Klarheit erlangt wird und dann diese sichtbar in Ihrem Umfeld Früchte tragen wird. Dann beginnt die wohltuende Anziehungskraft von Feng Shui in Resonanz mit Ihrer Umgebung zu treten. Der Physiker Hawking vergleicht diesen Vorgang so, dass alles, ob Gedanken oder Materielles, aus kleinsten Lichtquantenteilchen, den Quarks, besteht. Ein einziger Gedanke kann bereits Materie in Bewegung setzen. Wenn Sie beispielsweise nur denken „ich möchte aufstehen", beginnen nachfolgend alle Muskeln und Systeme sich darauf vorzubereiten und Impulse auszutauschen. Sie rutschen auf dem Stuhl ganz nach vorn und verlagern Ihr Gewicht, einige Muskeln spannen sich an, und Sie stehen schließlich auf.

Ein ähnlicher Impuls geht dem Hausbau voran, alles wird bis ins Detail geplant. Jeder Gedanke in Zusammenhang mit dem Haus manifestiert sich, mit jeder Kachel, Farbe oder Anordnung. Das Gleiche erleben Sie, wenn Sie ein Geschäft, ein Office oder Ihre Karriere planen. Ganz bestimmte Schritte müssen in der richtigen

Es braucht einen geistigen Impuls, der, einmal gesetzt, sich als Energiepotential bis hin in die Einrichtung als roter Faden durchzieht

23

Reihenfolge gegangen werden, damit das Resultat Ihren Vorstellungen entspricht. Feng Shui setzt gerade hier an. Wenn Sie bemerken, dass Sie bisher zwar das Bestreben hatten, Geschäftspartner anzuziehen, sich aber nicht wirklich auch im Interieur sichtbar um sie bemühten, dann könnte es jetzt Zeit sein, sich diesem Part besonders zu widmen. Sie werden beginnen, einen schönen Platz für Gespräche einzurichten, frische Blumen auf den Tisch zu stellen, vielleicht eine Teebar und frisches Obst parat zu haben. Sie werden eine Kundenliste führen, in der vermerkt ist, wann wer Geburtstag hat und was seine Vorlieben sind. So werden Sie schon seinen Teewunsch kennen, wenn er das nächste Mal wiederkommt.

Sie sorgen für schöne Klänge, angenehme Düfte, Pflanzen im Innenraum und Springbrunnen, die dem Kunden ein willkommenes Gefühl und einen Anlass zum Verweilen geben. Verweilt der Kunde gern, so sprechen wir im Feng Shui von sich „wohlwollend sammelndem Chi". Vorausgegangen ist diesen Überlegungen aber stets, dass man selbst erkannt hat, dass ein Mangel an der inneren Einstellung wett-

gemacht werden muss, um den gewünschten Erfolg im Business anzuziehen. Alle Wohlfühlfaktoren für einen potentiellen Kunden sollten in die Tat umgesetzt werden. Der Erfolg wird nicht auf sich warten lassen. Das ist Feng Shui. Nach dem Gedanken folgt die Umsetzung, und Feng Shui kann Ihnen nun die nötigen Hinweise bezüglich der Farben oder Positionen der Möbel im Raum geben.

Wir sind, was wir denken.
Alles, was wir sind, entsteht mit unseren Gedanken.
Mit unseren Gedanken erschaffen wir die Welt.

Der Dhammapada

Bevor Geschäftsräume gestaltet werden, gehen Gedanken voraus, die verschiedene Zielpunkte im Leben haben:

1. Die Erhaltung unserer Lebenskraft.
2. Eine bereichernde Zusammenarbeit und Förderung der Karriere.
3. Die Gestaltung von harmonischen Beziehungen zum Unternehmen, der Firmenleitung.
4. Die Anhäufung von Reichtum.
5. Die Gestaltung von Bereichen, die der Ruhe und Erholung dienen.
6. Das Streben nach guten geschäftlichen Beziehungen.
7. Das Erreichen zukünftiger Ziele.
8. Das Streben nach Wissen, Austausch von Informationen.
9. Die Erhaltung von Ruhm, Anerkennung und Respekt.

Feng Shui betrifft nicht nur die Umfeldgestaltung, sondern auf der geistigen Ebene gerade auch diese neun Bereiche des Denkens. Denn alle Räume im äußeren Umfeld sind hier ebenfalls zu finden, eben nur in Form von Gedankenprojektionen.

Lassen Sie uns einen Spaziergang durch diese Räume unternehmen und sehen, wieviel Klarheit dort herrscht, und ob diesen Bereichen bereits genügend Aufmerksamkeit gewidmet wurde. Sinnvollerweise wollen wir mit der Zentrumskraft beginnen, einem freien Raum der Leere, denn auch diese braucht es: Ruhe und Stille, einen Raum zum Atmen, die Abwesenheit von Gedanken, einen Raum des Nicht-Handelns. Sie sehen schon, ich mache nachfolgend keinen Unterschied, ob es sich um einen Lebensraum, ein Zimmer, handelt oder einen geistigen Raum. Sind sie doch ohnehin untrennbar miteinander verwoben.

Geistige und Lebensräume sind miteinander verwoben

Wir sind für das Resultat unserer Gedanken verantwortlich.
Die Kraft der Gedanken, die Imagination und die
darauf folgenden Handlungen erschaffen
ihre eigene Wirklichkeit.

Eileen Caddy

Vielleicht haben Sie unbewusst bereits das Puzzleteil integriert, das dieses Buch Ihnen vermitteln will und sich eine erfolgreiche Wirklichkeit aufgebaut. Ein Gang durch die neun Räume des Bagua wird Ihnen die Mechanismen des Erfolges nun bewusst machen. Ich möchte Sie bitten, sich in ihnen so lange aufzuhalten, bis Sie selbst diese verlassen wollen. Sie bestimmen, wann Sie von mir weiter in den nächsten Raum geführt werden wollen. So kann dieses Buch ein wunderbarer Begleiter sein, und es geht sicher nicht darum, es nur schnell und oberflächlich durchzulesen. Gönnen Sie sich Zeit. Ein Satz kann bedeutend sein, um etwas Grundlegendes in Ihrem Leben zu verändern – und so vielleicht endlich auf die Gewinnerseite des Lebens zu wechseln, oder dort zu bleiben. Sie selbst nehmen das Ruder in die Hand und bestimmen, welche Gedanken-Räume mit welchen Inhalten gefüllt werden. Ich wiederhole gern noch einmal: Je klarer Sie Ihre Situation erkennen, umso eher setzt die Wirkung der Kräfte ein. Sie erschaffen sich gezielt Ihre Wirklichkeit. Die gedanklichen Bilder werden jeden Tag mit Leben erfüllt. Wenn Sie sich an die Malhefte aus der Kindheit erinnern, die uns Kindern alle Phantasie abverlangten, um das reell existierende Bild eines intakten Bauernhoflebens in farbliche Komponenten bildlich umzusetzen – in Gedanken waren wir in diesem Moment tatsächlich auf dem Bauernhof. Das heißt, dass Erinnerungen so klar geweckt werden können, dass Sie diesen Gedanken-Raum alter Bilder frisch aufleben lassen können. Selbst die zum Bild passenden Düfte, Geräusche und Stimmungen sind festgehalten.

Andererseits wissen Sie auch, dass Sie im Gedanken-Raum mit der Aufschrift „Geschäftsbeziehungen" alle diesbezüglichen Bilder und Informationen, die Sie jemals bekommen haben, dort abgelegt haben. Sie wissen, wie Sie mit anderen in Kontakt treten können, Beziehungen aufrecht erhalten und neue knüpfen können. Alte, von der Kindheit an antrainierte Verhaltensmuster, die von den Eltern oder wichtigen Personen abgeschaut wurden, werden oft in das Erwachsenenleben mit übernommen. Ob das gut oder als weniger nützlich zu bezeichnen ist, wird jeder selbst erkennen.

Sie haben vielleicht einige neue Management-Methoden gelernt und neue Einsichten gewonnen. Aber haben Sie schon etwas von der Verknüpfung Gedanken-Raum-Außenraum gehört, wie es im Denken von Feng Shui ganz natürlich ist? Ich habe das Thema bereits angedeutet, aber was bedeutet es wirklich in der Konsequenz?

Wir können den Menschen im Sinne des Prinzips von Wind und Wasser als ein Haus betrachten, den Kopf als Dachboden. Man redet auch vom Kopf als dem „Oberstübchen". Dort sollte natürlich Klarheit vorherrschen. Jeder einzelne Gedanke kann mit einem Raum auf dem Dachboden, nämlich dem Oberstübchen, in Beziehung gesetzt werden. Insgesamt gibt es neun Räume dort oben, und wir werden einen nach dem anderen betreten. Dabei wird eine ganze Menge aufgeräumt oder neu hinzugestellt werden müssen, sozusagen *klar*-gestellt. Nehmen Sie jeden Gegenstand in die Hand, und pusten Sie den Staub der Vorzeit weg. Sie werden klar erkennen können, worum es sich handelt. So manch einer hat im „Raum des Reichtums" sehr viele Unklarheiten, sprich, verstaubte Gedanken, die neu aufpoliert werden müssten. Neue Erkenntnisse dürfen nun abgespeichert und der Raum mit Klarheit erfüllt werden. Nun wissen Sie auch, wieviel Geld Sie wofür und in welchem Zeitraum verdienen wollen.

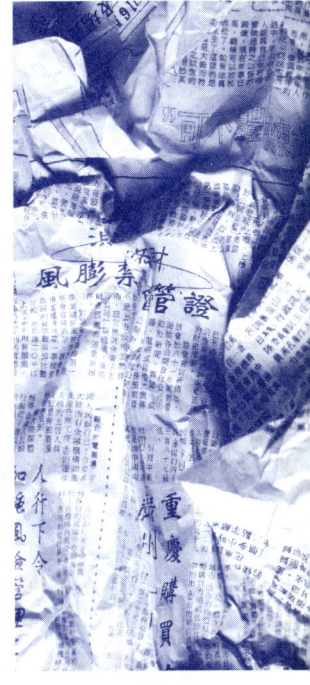

Räumen Sie auf!

Wenn der „Raum der geschäftlichen Beziehungen" bislang keine Bilder enthielt, die dem Kunden einen Tee, einen geschützten Warteplatz oder einen kommoden Sessel anboten, dann wird hier nun ganz klar ein neuer Gedanke verankert werden. Gespräche mit dem Kunden werden in einem schönen Ambiente stattfinden und Ihre Arbeitsleistung steigt sogar proportional dazu, wie wohl sich der Kunde fühlt.

> *Sprich und handle mit lauterem Geist,*
> *und Glück wird dir nachfolgen wie dein Schatten,*
> *der nie weicht.*
>
> **Der Dhammapada**

27

Es gilt, die Gedanken im Zaum zu halten. Das ist den meisten von Kindesbeinen an in Fleisch und Blut übergegangen. Denke bevor du sprichst, könnte man sagen. Die Chinesen sehen die Zunge als Mittler zwischen dem eigenen Gedanken und einer zweiten Person. Die Zunge, die der Öffner des Gedankens zum Du hin ist, braucht einen klaren, liebevollen Verstand. Widmen Sie Ihre Aufmerksamkeit zunächst Ihren Gedanken, so werden Sie Herr jeder Situation.

Gedanken, Ideen und deren sprachliche Mitteilung sind im Business unerlässlich. Lassen sie uns gemeinsam die Gedanken klären und neue Vernetzungen schaffen, damit Klarheit, Gesundheit und Erfolg Sie ganz sicher begleiten.

Da es eine zentrale Vernetzung von Gedanken, Räumen und Erfolgsaussichten gibt, wie ich bereits erwähnte, beginnen wir ganz natürlich bei Ihren Gedanken, um anschließend die für Sie jeweils passenden Strategien vorzustellen. Von Bedeutung ist insbesondere das Jahr Ihrer Geburt. Die Reihenfolge der nun folgenden *neun erfolgreichen Strategien für Gewinner* ist im Feng Shui eine natürliche Folge von Bewegungen, die man Chi – Lebensenergie – nennt.

Erfolg durch
Tai Chi

Was wir heute sind,
kommt von unseren gestrigen Gedanken her,
und unsere gegenwärtigen Gedanken
gestalten unser morgiges Leben;
unser Leben ist das Erzeugnis unseres Geistes.

Buddha

Konzentration auf das Wesentliche

Beginnen wir mit dem Raum der zentralen Mitte, Tai Chi, dem *Ursprung allen Seins und Wirkens*.

Die Bedeutung von Tai Chi:

- **Harmonie**
- **Vereinigung von Yin und Yang**
- **Ruhe und Kraft**
- **Ursprung**
- **Konzentration auf das Wesentliche**

Hier finden sich beide Pole, Yin und Yang. Sie kommen zu einer Atempause. Es wird die Kraft gewonnen, die Sie im Tagesgeschäft benötigen, eine Pause wird eingelegt.

Dieser Raum ist in Ihnen. Er ist der Bereich, der Sie daran erinnert Kraft zu schöpfen und sich auszuruhen. Sie wissen, wann Selbstdisziplin angebracht ist, und wann liebevolle Unterstützung der Ihnen Anvertrauten oder wann Sie Ruhe benötigen.

Erkenntnis geht jeder Fähigkeit voran. Deshalb überprüfen Sie gewissenhaft folgende Punkte für sich, und schreiben Sie in die Leerzeilen, wenn Sie mögen, jeweils Ihre Antwort. Sollten Sie einem Punkt Ihre besondere Aufmerksamkeit widmen wollen, so streichen Sie diesen an.

Stellen Sie sich nun folgende Fragen, um den Bereich Tai Chi in Ihrem Denken zu klären:

- Arbeite ich nach dem Gesetz des Gleichgewichts, und gönne ich mir genügend Ruhe und Erholung?

- Ziehe ich mich regelmäßig jeden Tag für ein paar Minuten zurück, um nachzudenken, den Blick mit den Wolken schweifen zu lassen oder die Stille zu genießen? Wann habe ich das letzte Mal dagesessen und nichts anderes getan als geatmet?

- Weiß ich, wie die Wiese duftet? Das Heu riecht? Weiß ich, wie sich der Gebirgsbach anhört? Habe ich heute schon einem Vogel zugehört?

- Was habe ich für meine innere Balance in den letzten drei Tagen getan?

- Wann war ich das letzte Mal im Urlaub oder habe mich anderweitig erholt?

Ihr persönlicher Bezug zu Tai Chi

Wenn Sie:	1923	1959
	1932	1968
	1941	1977
	1950	

geboren sind, ist Ihr Element Erde

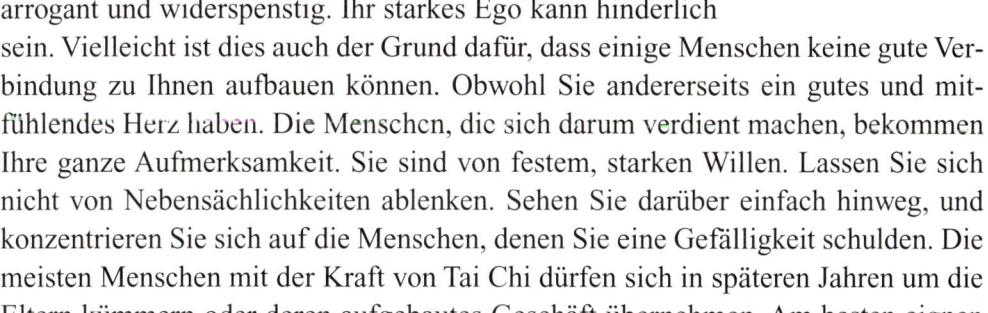

Sie sind ein geborener Führer, vielleicht ein Staatsmann oder Chef einer Firma. Diese sagenhaft große Kraft steckt in Ihnen!

Sie eignen sich grundsätzlich nicht zum braven Angestellten, und Fügsamkeit ist nicht Ihr Metier. Manche nennen Sie arrogant und widerspenstig. Ihr starkes Ego kann hinderlich sein. Vielleicht ist dies auch der Grund dafür, dass einige Menschen keine gute Verbindung zu Ihnen aufbauen können. Obwohl Sie andererseits ein gutes und mitfühlendes Herz haben. Die Menschen, die sich darum verdient machen, bekommen Ihre ganze Aufmerksamkeit. Sie sind von festem, starken Willen. Lassen Sie sich nicht von Nebensächlichkeiten ablenken. Sehen Sie darüber einfach hinweg, und konzentrieren Sie sich auf die Menschen, denen Sie eine Gefälligkeit schulden. Die meisten Menschen mit der Kraft von Tai Chi dürfen sich in späteren Jahren um die Eltern kümmern oder deren aufgebautes Geschäft übernehmen. Am besten eignen Sie sich für wirklich Großes. Überschätzen Sie sich dennoch nicht.

Ihre Kräfte werden auf der Ebene der Schaffung von Verbindung und Vermittlung für andere benötigt. Sie sind schlicht, sehr verläßlich und der Mitarbeiter, der sich seinen Kollegen verbunden fühlt.

Sind Sie ausgeglichen, dann können Sie konkretisieren, festigen, Sie sind beständig, zuverlässig und konsequent. Ihr Wort gilt, und Sie setzen Ideen in die Tat um.

Resultat: Sie werden merken, wie schnell Sie Ihre Angelegenheiten erledigen können!

Der Speisetipp

Körner machen Fit

Damit Sie besser zwischen den Polen von Anspannung und Erholung ausgleichen können, sind Nahrungsmittel mit leicht süßlichem Geschmack förderlich. Verschiedene Kürbisarten und Getreide wie Hirse wirken besonders günstig auf die Stimmung. Insbesondere in der kalten Jahreszeit ist es von Vorteil, morgens einen Getreidebrei zu kochen. Dafür können Sie auch aus dem Naturkostladen die *7-Tage-Körnerkur* kaufen und nach Lust und Laune täglich eine andere Getreideart zubereiten. Das kostet nicht viel Zeit. Gleich nach dem Aufstehen können Sie Wasser und Getreide auf kleiner Flamme aufsetzen, das erspart Ihnen wertvolle Morgenzeit. Zwischenzeitlich können Sie Ihre Morgentoilette abwickeln. Dann versüßen Sie sich das Gericht eventuell mit Obst der Saison, Ahornsirup, Rosinen oder Nüssen.

Wenn Sie Ihren Cholesterinspiegel senken wollen, dann eignen sich morgens auch in Butter gebackene Bananen. Ja, Sie haben richtig gelesen in Butter!

Gemüse, insbesondere grünes Blattgemüse, bringt einen hohen Gehalt an Mineralstoffen mit sich. Allerdings kühlt es und ist daher eher für die warme Jahreszeit zu empfehlen.

Essen Sie besonders langsam, und kauen Sie gründlich. Sich Zeit zu nehmen für das Frühstück oder Mittagessen sollte Ihnen wichtig sein. Der Speichel ist alkalisch und sorgt für ein ausgeglichenes Magenmilieu.

Auch hier gilt: In der Ruhe liegt die Kraft. Kauen Sie langsam und genießen Sie, das bringt Freude und Energie im Bereich Tai Chi.

Die Redakteurin und Moderatorin der Telebörse bei n-tv in Berlin beginnt beispielsweise ihren Morgen so, dass sie sich zunächst um acht Uhr eine Tasse Kaffee ins Bett holt, mit ihrem Mann noch eine Stunde kuschelt und sich austauscht. Sie bezeichnet diese Stunde am Morgen als die wichtigste. Ihre Tai Chi-Zeit, der Raum der inneren Ruhe, ist klar gefüllt. Diese Stunde ist bei allen Turbulenzen der Zeitraum, der ihr die nötige Kraft vermittelt.

Erfolgreiche Menschen in allen Bereichen tun etwas für den Bereich Tai Chi. Die Chefin der Agentur m4 Motion beispielsweise vermittelt Visagisten, Fotografen und Stylisten. Claudia Buschow sieht im Morgen das, was für andere der Abend ist: Sie nimmt ihr Frühstück und lehnt sich gemütlich im Bett zurück. Dort kann sie lesen, also ihrer Lieblingsbeschäftigung frönen und anschließend ein Bad nehmen. Ihre Oase der Ruhe, der Bereich Tai Chi, gibt ihr Kraft für den ganzen Tag.

Der Tai Chi-Tee

60 Gramm Melisse
30 Gramm Zitronenmelisse

Kochen Sie einen Esslöffel Kräuter pro Liter Wasser auf, und lassen Sie diesen Tee fünf Minuten ziehen. Dann seien Sie ihn ab und trinken ihn schlückchenweise über den Tag verteilt. Am besten nehmen Sie sich eine Kanne Tee ins Büro mit.

Die Gesundheit

Das Element Erde steht mit dem Magen und dem Solarplexus, einem Nervengeflecht in dieser Region in Verbindung. Dieses ist sehr empfindlich, wenn es sich um Unausgewogenheiten im Gefühlssektor handelt.

Das richtige Verhältnis von Arbeit zu Ruhe sollte zwei Drittel zu einem Drittel ausmachen. Der Tag hat vierundzwanzig Stunden. Davon schläft der Mensch zirka acht Stunden und ist sechzehn Stunden aktiv. Von diesen arbeitet er in der Regel acht Stunden. Wenn Sie beispielsweise acht Stunden arbeiten, heißt das, dass Sie sich nach acht Stunden Arbeit 2,5 Stunden ausruhen und etwas zu Ihrer Freude tun sollten. Ihre Arbeit macht Ihnen Spaß, und Sie wollen sich nicht ausruhen? Kein Problem. Sie können auch mehr als zehn Stunden am Tag mit Freude arbeiten, wenn Sie eines beherzigen: Ausgleich! Alle fünfundfünfzig Minuten eine Pause von fünf Minuten einzurichten, ist ebenfalls segensreich.

Sitzen Sie vorwiegend, ist dies eine Yin-Tätigkeit. Fazit: Fahrradfahren, Spazieren, Tennis, Joggen, Squash, Schwimmen, Tai Qi oder Qi Gong und andere Aktivitäten, die Yang-Energie anregen, sind eine gute Balance – ein Yin und Yang-Energie-Ausgleich. Um in sich selbst den Tai Chi-Bereich mit Kraftpotential zu füllen, wechseln Sie zwischen Ruhe – Yin – und Anspannung – Yang.

Wenn Sie die Verjüngungsübugen wählen, dann sind „Pumpen des Ying" und die „Eröffnungsübung" auch für zwischendurch angebracht.

Eröffnungsübung: Stehen Sie aufrecht und richten Sie Ihren Blick nach vorn, auf einen imaginären Punkt am Horizont. Konzentrieren Sie Ihre Aufmerksamkeit nun auf Ihren Tandiem Punkt, den Punkt der Energiesammlung, drei Querfinger unterhalb Ihres Bauchnabels. Stellen Sie die Füße zusammen und schließen Sie die Knie. Halten Sie nun Ihre beiden Handflächen mit den Fingerspitzen nach oben gerichtet über Ihrem Kopf zusammen. Einatmen, Pause und beim Ausatmen senken Sie die Hände, sodass die Fingerspitzen vor Ihrer Nase stoppen, Pause, Fingerspitzen fußwärts richten, die Hände öffnen und einen Kreis aufwärts und kopfwärts beschreiben, dabei einatmen und die Handflächen wieder schließen.

Pumpen des Yin: Stehen Sie mit beiden Füßen zusammen, und stemmen Sie die Hände in die Hüften. Konzentrieren Sie Ihren Blick geradeaus, in die Ferne. Verlagern Sie Ihr Gewicht nach vorn, in die Knie, heben Sie die Fersen und wieder zurück. Achten Sie darauf, dass sich bei dieser Übung die Knie berühren.

Heben und senken Sie die Fersen achtmal.

Neben Bewegung und Ernährung spielt die angemessene Entspannung eine besonders große Rolle, um auf Dauer leistungsfähig zu bleiben. „Ruhe und Gelassenheit" bringen Ordnung in die Dinge des Universums, sagte schon Laotse. Jeglicher Stress wie optische und akustische Reizüberflutung, Leistungs- und Termindruck sind nur mit erhöhtem Aufwand an Energie zu bewältigen. Gefährlich wird es, wenn Ärger und Termindruck gleichermaßen wirken und die Überlastung zunimmt. Hier ist „Autogenes Training" ein Mittel des Ausgleichs. Auch Ayurveda-Kuren können förderlich für das Gleichgewicht sein. Es geht darum, den Stress zu reduzieren, den Körper zu entschlacken und ihn neu zu „programmieren". Die aufrechte, gute Sitzhaltung, damit der Atem in den Bauchbereich ungehindert einströmen kann, ist außerdem eine gute Voraussetzung für klares Denken.

Öffnen Sie für ein paar Minuten das Fenster. Das betrifft innerhalb der besagten Stunde die fünf Minuten Pausenzeit. Setzen Sie sich so oft Sie mögen ganz gerade hin, und rutschen Sie auf Ihrem Stuhl ganz nach vorn, sodass die Oberschenkel nur zur Hälfte aufliegen und Sie auf Ihrem Steißbein sitzen. Stellen Sie die Füße auf den Boden, etwa schulterbreit auseinander, und richten Sie die Aufmerksamkeit beim Einatmen auf Ihren Bauch. Drei Querfinger unterhalb des Bauchnabels befindet sich ein Energiesammelpunkt, der in der Akupunkturlehre eine große gesundheitliche Bedeutung hat. Dort hinein sollte der Atem ungehindert strömen können. Deshalb ist es in den meisten Fällen schon sehr hilfreich, den Gürtel, der sich ja um die Körper-*Mitte* schließt, zu lösen. Atmen Sie nun mit jedem Atemzug freier nach unten hinein. Die Bauchdecke hebt sich beim Einatmen und senkt sich beim Ausatmen. Zählen Sie nun: Eins, Zwei, Drei beim Einatmen und bis Neun oder länger beim Ausatmen. So fühlen Sie sich ruhiger und gelassener.

Atmen Sie sich ruhig und gelassen

Einige Minuten auf einem Sitzball zu sitzen, kann einen ebenso wohltuenden Effekt für die Körpermitte bringen. Die Wirbelsäule wird so unterstützt, und das nicht nur orthopädisch. Das Gefühl für die eigene Körpermitte wird auf diese Art und Weise schnell erlangt.

Lachen löst emotionale Blockaden

Neben der Atmung können auch entspannende und ausgleichende Möglichkeiten der Freizeitgestaltung gewählt werden. Dazu gehört auch das „Faulenzenkönnen". Willkommen sind auch Filme, die das Bauchfell zum Lachen anregen, statt aggressiver Filme, die Angst und Aggression schüren.

Ist nicht die Gesundheit geradezu ein Balanceakt zwischen Körper, Seele und Geist, die zu erhalten Motivation genug sein sollte?

Der Raum

Auch der Raum, in dem Sie arbeiten, muss Kraft schöpfen. Erlauben Sie es ihm?

Beginnen wir mit dem Raum, in dem Sie sich befinden. Ist die Mitte frei? Dies muss nicht die mathematische Mitte des Raumes sein. Der Bereich *Tai Chi*, wie man ihn nennt, benötigt einen Platz, an dem sich Menschen einfinden können. Das Zentrum des Raumes sollte weder durch Abstellräume, noch durch starke Wände blockiert sein, sonst weist dies auf ein hartes, arbeitsames Leben hin. Zeichnen Sie zwei Diagonalen durch Ihren rechteckigen oder quadratischen Grundriss, um so das Zentrum zu ermitteln. Ist das Zentrum frei, kann sich die Lebensenergie ungehindert bewegen.

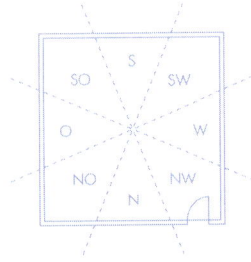

Harmonie:
Feng Shui stellt den Menschen in den Mittelpunkt

Schauen wir uns die Gestaltungsmöglichkeiten des Arbeitsplatzes an, die in der Regel europäischem Denken und ergonomischen Gesichtspunkten folgen. Wobei Ergonomie aus dem Griechischen kommend „Arbeit" und „Gesetz" bedeutet. Es handelt sich demnach um Arbeitsplätze, die nach den Erfordernissen der Arbeit ausgerichtet sind. Im Feng Shui-Denken geht es dagegen in erster Linie um die Ausrichtung nach dem Menschen, dem Prinzip der Harmonie.

Was das Versandhaus Heinrich Heine geschafft hat, kann auch Ihr Unternehmen schaffen. Dort konnte nämlich mit Gesundheitstrainings die Krankheitsrate auf vier

Prozent gesenkt werden. Bei der Firma Eller repro+druck wurde eine Million DM eingespart, indem man die Belegschaft über gesundheitsfördernde Maßnahmen informierte und entsprechend in die Einrichtung investierte. Auch die Firma „Bosch und Siemens Hausgeräte GmbH" richtete spezielle Räume ein und startete die Aktion „op-gesund". Das sind wunderbare Möglichkeiten, den Menschen in den Mittelpunkt zu rücken.

Jetzt geht es im zweiten Schritt darum, den Geist in die neun Bereiche des erfolgreichen Denkens zu führen.

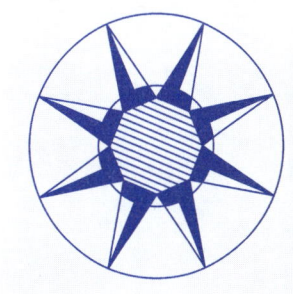

Räumliche Freiheiten im Bereich Tai Chi zu erreichen bedeutet auch für Sie, Handlungsfreiheiten zu erlangen

Das Umfeld prägt den Geist und umgekehrt.

Wie ein roter Faden wird sich die innere Einstellung durch alle Räume Ihres Business ziehen. Bei allen äußeren Turbulenzen hilft Ihnen eine Klärung des Interieurs. Räumen Sie die Mitte des Schreibtisches, des Büros oder des Ladens auf, und schauen Sie, ob Sie für das Auge genügend Ruhezonen geschaffen haben.

Wie sieht es mit Ihrem Schreibtisch aus? Stapeln sich die Dinge oder haben Sie Freiräume, im wahrsten Sinne des Wortes? Bei Schwierigkeiten im Tai Chi-Bereich haben Sie große Mühe, etwas in die Tat umzusetzen. Ihre Gedanken sind nicht bei der Sache, und Sie sind leicht beeinflussbar und wankelmütig. Sie machen sich unnötig viel Sorgen und sind eher ruhelos. Sie fühlen sich möglicherweise ausgelaugt und erschöpft. Vielleicht ist jetzt der richtige Zeitpunkt gekommen, um sich der Freude, Gesundheit und Lebensenergie zu öffnen. Dabei kommt es insbesondere im Arbeitsprozess darauf an, dass Sie Schritt für Schritt zur Umsetzung Ihrer geplanten Visionen kommen. Damit Sie dies

Öffnen Sie sich für Gesundheit, Lebensenergie und Arbeitsfreude

schneller tun können, ist es zuvor nötig, im äußeren Umfeld aufzuräumen. Insbesondere die Mitte jedes Raumes, vor allem die Ihres Arbeitsraumes, zu überprüfen und leer zu räumen, wäre der nächstliegende Schritt. Auch Ihr Schreibtisch kann sicher eine Aufräumprozedur vertragen. Wischen Sie ihn anschließend mit einem feuchten Tuch ab. Dazu tauchen Sie das Tuch in eine Mischung aus einem Liter Wasser, das Sie mit dem Saft einer Zitrone, einer Pampelmuse und einer Orange anreichern. Den Rest der Mischung können Sie für die Raumluft benutzen oder in die Wasserbehälter der Heizung füllen.

• Betrachten Sie die Bilder, die an den Wänden Ihrer Räume hängen. Welche Wirkung geht von ihnen aus? Hektik und Unruhe können Sie nicht gebrauchen. In der Ruhe liegt die Kraft, sagt man. Die Bilder sollten umso ruhiger sein, je hektischer die geschäftlichen Aktivitäten sind.

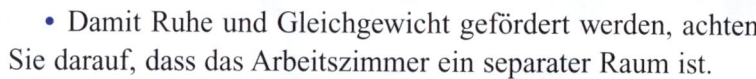

Steine geben Kraft

• Eine runde oder achteckige Vertiefung im Boden mit Sitzgelegenheiten um den Mittelpunkt herum entspricht ebenfalls dem Bild von Tai Chi. Gerade in großen Kaufhäusern oder Einkaufsläden über mehrere Ebenen bietet sich diese attraktive Möglichkeit an.

• Ein altes Prinzip, um der Raummitte Gewicht zu verleihen, ist die Feuerstelle. Im modernen Zeitalter kann man dieses Prinzip in Form einer Vertiefung im Zentrum des Raumes anwenden, in die im Boden Licht eingelassen wird. Sand, Steine oder Kristalle können durch eine Glasscheibe im Boden zu sehen sein. Diese Materialien symbolisieren Erde. Undurchsichtiges Glas kann mit Gelb, Braun oder Dunkelrot im Farbton gewählt werden.

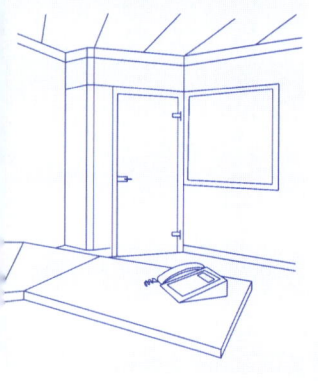

• Damit Ruhe und Gleichgewicht gefördert werden, achten Sie darauf, dass das Arbeitszimmer ein separater Raum ist.

• Die Position des Schreibtisches im Raum sollte sich in einer diagonalen Position zur Tür befinden.

• Richten Sie zudem auch den Schreibtisch nach Ihrer Ming-Kwa-Zahl aus. Ihre guten Richtungen befinden sich hinter Ihnen. Achten sie darauf, eine Wand im Rücken zu haben und Dinge, die Sie stärken.

- Vermeiden Sie Spiegel oder Fenster hinter sich.

- Entfernen Sie Überflüssiges.

- Der Sessel sollte nicht nur eine gute, hohe Rückenlehne, er sollte auch Armlehnen besitzen, damit Sie sich „unterstützt" fühlen.

- Der Schreibtisch sollte schwer sein, damit wird Ihre Arbeit gewichtig. Ein Tisch aus Glas lässt die Arbeit schwer auf Ihren Oberschenkeln lasten, und Sie werden sich im wahrsten Sinne des Wortes belastet fühlen. Der Schreibtisch ist der Bereich, wo konzentriert gearbeitet wird und kreative Gedanken umgesetzt werden.

Achten Sie auf ein gutes Zusammenspiel von Schreibtisch und Stuhl, optisch und ergonomisch

- Weit verbreitet ist die Ansicht, dass es gut sei, während der Arbeit zum Fenster hinaus zu schauen. Der Nachteil ist aus Feng Shui-Sicht, dass Sie dann in der Regel mit dem Rücken zur Tür sitzen. Das sollte nicht sein. Stellen Sie Ihren Schreibtisch so auf, dass Sie mit dem Blick zur Tür sitzen und die Wand im Rücken haben. So haben Sie den Blick nach draußen und gleichzeitig zum inneren Geschehen.

- Haben Sie ein zirka dreißig Zentimeter freies Plätzchen auf Ihrem Schreibtisch? Sie können diese Stelle mit einem Blumenstrauß, dem Foto Ihrer Liebsten oder einem Halbedelstein belegen. Die Hauptsache ist, dass dieser Platz frei von Arbeitsutensilien bleibt. Ihre Gedanken sollten zu diesem „freien" Fleck schweifen können und Ihnen genügend Ruhe geben und Sammlung ermöglichen. Andererseits können Sie so diesen Platz nicht mehr als Ablageplatz benutzen.
Stellen Sie dann eine Figur aus Porzellan, Stein oder Keramik auf den leeren Teil Ihres Tisches oder einen großen Kristall, der Ihnen Kraft gibt. Außerdem sind Sie so sicher, dass ein von Akten leerer Platz auf dem Schreibtisch erhalten bleibt und Sie sich leichter konzentrieren können. Ein leerer Platz gibt Ruhe und sammelt Kräfte.

- Erdtöne, wie Terrakotta, Gelb und warme Rottöne sind die bevorzugten Farben, um den Tai Chi-Bereich zu wärmen.

Die Farben

Wer Mut zur Farbe beweist, könnte Orange- oder Gelbtöne wählen. **Gelb** ist die Farbe der Erde, des Kaisers und wird oft mit Gold in kaiserlichen Palästen ersetzt. Gelb ist die Farbe des Zukünftigen, der Sehnsucht und der Extravertiertheit. Dunkles Gelb kann Intoleranz und helleres Gelb die Weisheit fördern.

Die Farbe Gelb ist beweglich und heiter. Gelb vertreibt die Müdigkeit und Arbeitsunlust, macht fröhlich und geistig rege. Gelb ist quirlig und sehr anregend für Nerven und Gemüt. Wenn jedoch Gelb mit Schwarz gemischt wird, so wirkt es intolerant. Tritt aber Gelb neben Schwarz auf (z.B. in einem Bild), so spricht es für einen depressiven oder geistigen Verwirrungszustand des Malers.

> **Gelb macht Arbeitsmuffeln Laune**

Die Farbe Gelb gehört seit altersher zur Erdmitte, genauso wie sie im Körper dem Solar Plexus zugeordnet ist. Gelb regt den Stoffwechsel ebenso wie den Appetit an.

> **Gelb vertreibt die Müdigkeit**

Gelb und Gold waren vor 5000 Jahren nicht immer gleichbedeutend. Zu ägyptischer Zeit, als die Pharaonen regierten, galt der Glanz des Goldes, seine Spiegelung wie seine Reflexion, als heilig. Die Farbe Gelb hingegen ist nur noch ein Abglanz des so mächtigen Goldes. Der Sonnengott Re spiegelt sich im Gold. Die chinesische Tradition sieht im Gelb die Farbe der Erde. So ist diese Farbe auch dem Element Erde zugeordnet. Der Erde, die der Kaiser regierte und beherrschte. Im chinesischen Verständnis ist Gelb die Farbe aller Herrschenden. Deshalb findet man sie auch in chinesischen Teppichen. Gelb stärkt die Ichbezogenheit, ist arbeitsanregend und die Farbe der Mitte und Harmonie. Überall wo Denkaufgaben zu lösen sind, ist diese Farbe auch geeignet. Beispielsweise in Klassenzimmern, Arbeitsräumen und Verwaltungsgebäuden. Zudem stimmt Gelb fröhlich und löst von Lethargie und Traurigkeit. Das nutzt auch „Mark's Bar" in New York. Das Ambiente wirkt gemütlich, die Farbe Gelb macht es, und schon nach dem zweiten Besuch kennt man alle Ihre Wünsche.

Gelb ist die Farbe des Elementes Erde und eignet sich für südwestwärts, nordöstlich und mittig gelegene Räume.

Das helle Gelb erinnert also an hell glänzendes Gold und die Mittagssonne. Die Gedanken hellen sich auf und klären sich. So eignet sich diese Farbe sehr gut für Arbeitsräume.

Gelb auf einen Blick

Harmonie, Mitte, Toleranz, Güte, Frohsinn, Aktivität, Geist, Heiterkeit und Mut.

Haben Sie Ihre Mitte gefunden? Haben Sie für den nötigen Ausgleich in Ihrem Leben gesorgt? Dann lassen Sie uns eine Art Bestandsaufnahme am Ende des Tages vornehmen, was Sie bezüglich Ihres inneren Ruhepols und Ausgleiches geschafft haben.

Erfolg durch

Chien

Nur in der Beziehung zu anderen kannst du dich erkennen, nicht durch rein theoretische Betrachtung und bestimmt nicht, wenn du isoliert bist.

Die Entwicklung des Verhaltens ist der sichere Wegweiser zu dir selbst, sie ist der Spiegel deines Bewusstseins ...

Krishnamurti

Hilfe von außen
schafft ein Nest
der Geborgenheit

Bedeutung von Chien

- **Freunde**
- **Helfer**
- **Geschäftspartner**
- **Mentoren**
- **Unterstützung**
- **Führerschaft**
- **Frieden und Dankbarkeit**
- **altruistische Hilfe**
- **Disziplin**
- **Urteilsfähigkeit**
- **Beherrschung**

Man bekundet sein Interesse am anderen, ist bestrebt sich zu ergänzen und andere in seine Projekte mit einzubeziehen. Disziplin, Gerechtigkeit und Interesse an der Arbeit und Mitwirkung anderer sind Ihnen zu eigen. Sie arbeiten präzise, mit höchster Genauigkeit und Effektivität. Sie sind pragmatisch, beständig und zuverlässig. Wenn jemand benötigt wird, der Verbindungen schafft und diese „spielen" lässt, dann können Sie das. Denn Ihre Kraft im Chien, dem Metall-Element, ist groß. Sie haben die Zeit im Griff und finden noch Gelegenheiten für den inneren Ausgleich.

Wenn es nicht so sein sollte, so haben Sie die Möglichkeit, Ihren persönlichen Erfolg auf diesem Gebiet folgendermaßen zu erreichen: Die Einen nutzen die Wirkung von Gesängen, Gebeten oder Mantras (heiligen Tönen), um sich auf die Energie von „Chien" einzustellen. Die Anderen klären ihre Gedanken. Das Symbol der drei Linien, auch Trigramm genannt, hilft Ihnen, klare Entscheidungen zu treffen. Legen Sie es vor sich auf den Schreibtisch, oder hängen Sie es an die Wand. Bevor Sie aber in die äußere Unterstützung gehen, lassen Sie uns das Wesen von Chien betrachten.

Die Geschäftstätigkeit eines Unternehmens
ist ein Prozess zur Zufriedenstellung der Kunden,
nicht ein Prozess zur Erzeugung von Gütern.

Theodore Levitt

Womit klargestellt wäre, dass es sich in erster Linie um die Befriedigung von Bedürfnissen potentieller und Altkunden handeln muss.

Chien ist aus der Perspektive des Feng Shui betrachtet das Bild des Himmels über der Erde. Er ist das Sinnbild für Recht und Ordnung, Gesetzmäßigkeit und den ewigen Kreislauf der Jahre und des Lebens. Mit Chien betreten wir den „Raum der Beziehungen zu anderen". Dort sind Hoffnungen und Kontakte zu anderen das Thema. Wir können tatsächlich gute Beziehungen zu anderen erhalten, wenn wir uns öffnen und den anderen in unser Bewusstsein herein lassen. Hilfe zu empfangen ist dem möglich, der bereit ist, Hilfe zu geben. Wir ernten, was wir säen. Wenn Sie glauben, dass das Schicksal es gut mit Ihnen meint, dann wird es so sein. Wenn Sie glauben, dass das Leben voller hilfreicher Menschen ist, dann wird es so sein. Mit Ihrem Wahrnehmungsfilter entscheiden Sie, welche Informationen Sie erhalten und wer Ihnen begegnet. Fragen Sie sich ganz bewusst, wenn Sie neue Kunden gewonnen haben, warum Ihnen dies gelungen ist, und fragen Sie sich auch, warum in der einen oder anderen Situation die Dinge sich gegenläufig entwickelten. Sie brauchen kein Esoteriker zu sein, um zu wissen, dass aus Fehlern große Entwicklungshilfen erwachsen können. Der Vertreter der bedeutendsten amerikanischen Managementtheorien, Chris Argyris aus Harvard sagte dazu:

Lassen Sie die Organisation aus jedem Experiment lernen, damit die nächste Erfahrung umso positiver wird, und sorgen Sie dafür, dass das Unternehmen im Umgang mit Prozessen des Wandels immer intelligenter wird, bis diese schließlich die gesamte Organisation durchdringen.

So wird die Persönlichkeit gefördert und der Umgang mit Kunden ändert sich.

Feng Shui sieht darüber hinaus noch weitere Möglichkeiten, Kunden zu gewinnen und zu halten. Dazu lassen Sie uns weiter das Bild des Chien erkunden.

Chien ist der Bereich der Beziehung zu anderen Menschen, Geschäftspartnern, Freunden, Helfern und Mentoren. Hier geht es um die Einstellung zu anderen, den Angestellten, Kollegen, Geschäftspartnern oder Vorgesetzten.

Der Chef des Technologie-Konzerns Signal hat eine Strategie entwickelt, die „Begeisterung" heißt und dahin geht, Mitarbeiter in seinem Umfeld von der Firmenidee eben zu begeistern, um sich so ihrer Unterstützung zu versichern.

Wenn Sie mögen, bitten Sie eine Person Ihres Vertrauens, die nachfolgenden Fragen von *Chien* im Hinblick auf Sie zu beantworten, und reden Sie anschließend gemeinsam über diese Bewertung. Sie können aber auch die Punkte als Anregung auffassen, Mitarbeiter und Angestellte, natürlich auch sich selbst, durch die Brille anderer zu sehen. Diese Bewertungen geben Sie bitte in einen extra dafür eingerichteten Briefkasten. So könnten Sie eventuell eine Punkteliste erarbeiten, nach der Lohnerhöhungen oder immaterielle Anerkennungen funktionieren.

Apropos Anerkennung: Freunde und Helfer gewinnt man auch so, wie es Mary Kay Ash, die Gründerin eines Kosmetikkonzerns definiert. Sie sagt, dass sie bei jeder Person, die sie trifft, davon ausgeht, dass diese ein imaginäres Schild um den Hals trägt, worauf geschrieben steht: „Mach, dass ich mich wichtig fühle."

Sie erkennen nachfolgend, ob Ihr innerer „Raum der Beziehungen zu anderen" mit Erfolg gesegnet ist oder eher nicht.

Betreten Sie den „Raum der Beziehungen zu anderen", und stellen Sie sich folgende Fragen für die Eigenreflektion:

- Gebe ich gern? Wieviel bin ich bereit, unaufgefordert zu geben? Eine Tasse Tee, eine Aufmerksamkeit zum Geburtstag, eine Zusatz- oder unentgeltliche Leistung, möglicherweise als Extra-Bonbon?

- Gebe ich den anderen genügend Lob und Anerkennung? Bekanntermaßen holt dies das Beste aus den Mitmenschen hervor.

- Spreche ich meine Geschäftspartner öfter mit ihren Namen an? Jeder Mensch ist stolz auf seinen Namen. Gerade komplizierte Namen sollten Sie richtig aussprechen und schreiben können, damit sich gerade diese Mitmenschen endlich einmal verstanden fühlen.

- Belaste ich andere mit meinen Problemen? Wenn eine Geschäftsinhaberin oder der Inhaber ihren persönlichen Frust den Kunden anvertrauen, werden sie nicht mehr lang Kunden haben! Wenn sie allerdings in der Lage sind, zuzuhören, dann ist dies etwas anderes. Bedenken Sie, dass sich unsere lieben Mitmenschen am liebsten mit ihren eigenen Problemen beschäftigen und diese wiederum ebenso mit anderen besprechen möchten. Hören Sie deshalb eher aufmerksam zu.

- Gebe ich meinem Gegenüber genügend Komplimente? Sparen Sie nicht mit Komplimenten gegenüber Ihren Gesprächspartnern, insbesondere denen, die Sie von Dritten gehört haben.

- Verschenke ich auch Dinge, die mir am wichtigsten sind, zum Beispiel Zeit?

- Pflege ich einen freundlichen Umgangston? Das betrifft auch das Personal. Wer einen angenehmen Umgangston um sich haben möchte, wird auch selbst seinen eigenen Umgangston überprüfen. Fragen Sie sich immer, ob Sie so, wie Sie mit Ihrem Gegenüber umgehen, selbst auch behandelt werden wollen.

- Bin ich dem anderen gegenüber feinfühlig? Seien Sie feinfühlig in Ihren Worten und Handlungen für die Stimmung des anderen.

- Grüße ich freundschaftlich?

- Erscheine ich glücklich über das Zusammentreffen mit meinem Geschäftspartner?

- Pflege ich die Kontakte zu Altkunden? Was tue ich, um meine Altkunden zu erhalten? Nutze ich das vorhandene Potential voll aus? Würden sie mich jederzeit wieder empfehlen?

- Freue ich mich über jeden neuen Kunden? Welchen ersten Eindruck mag er von mir oder meinem Unternehmen gewonnen haben?

- Vermeide ich umstrittene Themen und zeige mich einlenkungsbereit?

- Behalte ich vertrauliche Informationen für mich?

- Bin ich zuverlässig? Versprechen Sie nie mehr als das, was Sie erfüllen können.

- Bin ich hilfreich und mache scheinbar Unmögliches möglich?

- Bin ich ein(e) gute(r) Zuhörer(in)?

- Wähle ich Worte der Dankbarkeit?

- Zeige ich dem anderen, dass ich ihm mein Vertrauen schenke?

- Gestehe ich meinem Gesprächspartner eine andere Sicht der Dinge als die meinige zu, und hege ich Verständnis dafür?

- Lasse ich meinen Gesprächspartner an meinem zukunftsorientierten, positiven Denken teilhaben?

- Habe ich statt eines kleinen, vollen Kalenders, einen großen übersichtlichen gewählt?

Tragen Sie, wenn Sie mögen, Ihre Antworten in den auf Seite 161 zur Verfügung stehenden Antwortbogen ein, und prüfen Sie diese Antworten drei Monate später. Für alle Fragen gilt: *Bitten Sie einen Menschen Ihres Vertrauens, aus seiner Sicht die Fragen für Sie zu beantworten.*

Wenn das Gefühl der Isolation, des Alleinseins, des „Sich-nicht-unterstützt-Fühlens" die Oberhand haben sollte, so sind sicher ein oder mehrere oben genannte Punkte dafür verantwortlich. Klären Sie diese für sich, und gehen Sie sofort zur Tat über, indem Sie anderen zunächst verstärkt helfen. Sie werden dann selbst die Unterstützung erhalten, die Sie sich wünschen. Beobachten Sie sich selbst auch daraufhin, wie andere Geschäftsinhaber auf Sie reagieren, und stellen Sie fest, wie Sie selbst am liebsten behandelt werden würden. Die Firma Jako-o beispielsweise hat sich genau dieses Prinzip zu eigen gemacht. Die Geschäftsführerin und Mitbegründerin Frau Peetz hat einen Versandhandel für Kindersachen auf die Beine gestellt. Dabei hat sie ihren Erfolg auf eben den Grundlagen aufgebaut, die ihr selbst auch

Kundenpotential nutzen und gewinnen

wichtig waren: gute Produkte, solide Preise, keine Mindest-Bestellsumme, kurze Lieferzeiten, Reparatur- und Ersatzteilservice. Ehrlichkeit und schadstoffarme Materialien waren selbstverständlich für die gelernte Kommunikationswirtin und Mutter dreier Kinder. Ihr und dem Team von Jako-o gehen die Ideen nie aus, denn sie nutzen das Potential ihrer Kunden und animieren sie zum Mitmachen. Sie bleiben offen für Spielzeugideen ihrer Kunden, ihre Kleidungswünsche und haben immer ein Ohr, wenn es um Vorschläge geht, was man mit den Kindern machen könnte. Das bedeutet aktiv die Kraft von *Chien* zu nutzen.

Ihr persönlicher Bezug zu Chien

Wenn Sie:	1922	1958
	1931	1967
	1940	1976
	1949	1985

geboren sind, ist Ihr Element Chien, Metall.

Sie sind elegant und nobel. Ihre hohen Ideale und Ihre edle Gesinnung sind sprichwörtlich. Bedienen Sie sich Ihrer guten vitalen Kräfte und Ihrer Klugheit. Leider hapert es an Diplomatie! Das scheint nicht Ihr Metier zu sein. Sie sind gern geradeheraus und ehrlich in Ihrer Gesinnung. Gerade, wenn es um Gerechtigkeit geht, halten Sie an Ihren moralischen Vorstellungen fest, egal wie der Ausgang der Geschehnisse für Sie sein wird. Dabei kann es doch von großem Vorteil sein, dem anderen gegenüber Nachsicht und Milde zu üben, ihn eher einen Verbündeten als einen Feind zu wissen.

Die meisten schätzen Sie als freien Mitarbeiter besonders. Aber auch in sozialen Berufen, der Schriftstellerei, als Händler und Industrieller würden Sie sich eignen. Als Frau sollten Sie nicht allzu herrschsüchtig über Ihre Familie wachen. Das bekommt Ihrem Erfolgsstreben auf Dauer kaum. Greifen Sie lieber auf Ihre ruhige und intelligente Art zurück. Ihr Pioniergeist und Ihre Unbeugsamkeit garantieren Ihnen gute Erfolge bei Ihren Unternehmungen. Lassen Sie sich nur nicht von alltäglichem Kleinkram und Sorgen vom Wesentlichen ablenken. Ihre Schwierigkeit vor allem aber, und das wissen Sie, ist, dass man Ihnen nichts sagen darf. Gerade an diesem Punkt könnten Sie eine Menge feilen ...

Alles, was Sie noch brauchen, ist ein altruistischer und ehrlicher Charakter. Dieser, gepaart mit Dankbarkeit, auch für Schwierigkeiten, die Ihnen etwas mitteilen möchten, werden Ihnen auf Ihrem Weg des Chien helfen – dem Weg zu guten Beziehungen zu anderen.

Selbst wenn Sie nicht im Jahr des Chien geboren sind und nicht zum Element Metall gehören würden, wäre es wichtig, dass Sie die Strategie des Trigramms Chien für Ihren Erfolg anwenden. Gewinnen Sie damit auf der ganzen Linie gute Geschäftsverbindungen, Hilfen und Unterstützungen. Sie brauchen klare Linien, Ordnung und Zeit.

Seien Sie sich stets bewusst, dass das, was Ihnen beisteht, etwas viel Größeres ist, wenn Sie nur genug Glauben entwickeln, dass alle Schwierigkeiten auch lösbar sind. Versuchen Sie es, und geben Sie auch einmal nach „oben" ab. Damit meine ich, dass Sie beispielsweise, wenn Sie nicht genügend Zeit haben sollten, um Ihre Verabredung einzuhalten, dieses Problem nach „oben" hin abgeben sollten, damit man dort eine Lösung findet. Lassen Sie sich überraschen. Eine mögliche Lösung von „oben" könnte sein, dass der Geschäftspartner anruft und absagt!

Ihre Affirmation für Ihren Erfolg

**Ich bin tolerant und entgegenkommend.
Hier und jetzt entscheide ich mich bewusst, den Kontakt
zu meinen Mentoren, Wegbegleitern und Freunden zu erneuern.**

Sie erreichen so gute Unterstützungen durch andere, um im richtigen Augenblick auch die gewünschten Verbindungen zu erhalten und gute Geschäftskontakte aufzubauen.

Was Sie noch tun können um erfolgreich Kunden zu gewinnen und zu behalten:

- Benutzen Sie keine vorgedruckten Weihnachtskarten, sondern verschicken Sie mit Ihrer Werbung eher Weihnachtsbriefe, und zwar bereits zum 6. Dezember. Das bringt viel mehr Aufmerksamkeit.

- Schreiben Sie die Anrede am besten per Hand oder elektronisch in Schreibschrift, das wirkt persönlicher.

- Als Geschenke für Ihre Geschäftspartner eignen sich in erster Linie Essbares, Exquisites, Blumen, Bücher, CDs und Präsentkörbe. Versehen Sie diese mit einem Namensschild und guten Gedanken. Letztere fühlt man förmlich. Übergeben Sie das Geschenk mit den Worten: „Ich habe etwas für Sie ausgesucht, um Ihnen eine Freude zu bereiten." „Das ist der Dank für meine Einladung."

- Möchten Sie Geldgeschenke verschenken, dann tun Sie dies am besten in einem roten Briefumschlag. Er bedeutet Glück und Freude. Es gibt spezielle kleine Umschläge für diesen Zweck, die Sie zum Beispiel über den Feng Shui-Versandhandel erhalten können.

- Geschenke, die Sie erhalten, sollten Sie gleich auspacken und etwas dazu sagen: „Ich liebe Pralinen mit einer Tasse Kaffee ..."

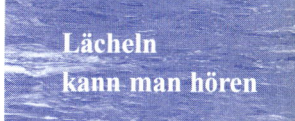

Lächeln
kann man hören

- Danken Sie auch schriftlich für eine Einladung.

- Haben Sie Klarheit erreicht, dann sind Sie sicher bereit, auch im äußeren Umfeld zu wirken.
So, wie Sie auf andere zugehen, bereit sind auf den anderen einzugehen, ihm zuzuhören oder ihn zu unterstützen, so sollte sich dies auch in Ihren Räumen zeigen.

- Beim Telefonieren ist ein Tischspiegel nahezu unerlässlich. Einerseits kann man darin sehen, was eventuell hinter einem passiert. Andererseits kann man sein Lächeln beim Telefonieren überprüfen. Lächeln kann man hören! Außerdem steigt Ihre persönliche Wohlbefindlichkeitskurve. Nur eine Minute Lächeln holt Sie aus möglicherweise trübsinnigen Gedanken heraus. Für einige Menschen ist das der eigentliche Grund, weshalb sie so gern zur Arbeit gehen.

Ihre V.i.p.-Kartei sollte Angaben darüber enthalten, welche Kaffee- oder Teesorte Ihr Gegenüber mag, wann er Geburtstag hat und welche Hobbies oder sonstigen Vorlieben er pflegt, um ihm ein passendes Geschenk bei nächster Gelegenheit zu machen.

Benutzen Sie eine lebensbejahende und kundenfreundliche Sprache:

Vermeiden Sie	Wählen Sie
- nein	+ ja
- trotzdem	+ bitte/danke
- müssen	+ gern
- falsch	+ gut/richtig
- versuchen	+ helfen
- bemühen	+ kümmern
- irgendwie	+ verstehen
- stimmt nicht	+ einverstanden
- nichts zu danken	+ danke
- nicht der Rede wert	+ wertvoll

Der Speisetipp

Was Sie tun können, um Klarheit und Konzentration über die Ernährung zu erlangen:

Konzentrationsfördernd wirkt Vollkornreis. Beziehen Sie ihn in den Speiseplan öfter mit ein, besonders an den Mon(d)tagen. Reiskuren im Frühjahr und Sommer sind besonders fördernd.

Kleine Mengen scharf schmeckender Ingredienzien wie Rettich, eine Zehe Knoblauch oder Senfblätter sind wunderbar ausgleichend im Element Metall. Sie helfen, sich Luft, im wahrsten Sinne des Wortes, zu verschaffen und unterstützen die Verdauung.

Auch 2-3 Tage fasten, falls Ihr Arzt nichts dagegen hat, bringt die Möglichkeit, sich nach dem „Himmel" auszurichten und weise Entscheidungen zu treffen.

Viele bekannte Gemüsesorten wie Brunnenkresse, Weiß- und Blumenkohl, Sellerie, Gurken, Rettich und Zwiebeln gelten neben der fernöstlichen Ingwerwurzel als besonders harmonisierend für diesen Bagua-Bereich.

Natürlich sind die guten faserreichen Stoffe ebenso hilfreich für die Verdauung und entfernen wirkungsvoll Abfallstoffe aus dem Darm wie die Ballaststoffe.

Belastende Nahrungsmittel sind die eher tierischen, Fettgebackenes, Öl, Hartkäse und Eier. Dagegen lassen sich besonders wirkungsvoll Vollkorngetreide und Gemüse zur Harmonisierung, Erhaltung und Gewinnung der Klarheit einsetzen.

Natürlich können Sie auch einen Tee trinken, der Ihr Wohlbefinden steigert und Sie aufnahmebereit für neue Kunden werden lässt.

Der Gewinner-Tee Chien

70 Gramm Enzian
60 Gramm Melisse
40 Gramm Lavendel
100 Gramm Schafgarbe

Mischen Sie die Kräuter der Tee-Kur zusammen, kochen Sie einen Esslöffel Kräuter pro Liter Wasser auf, und lassen Sie diesen Tee fünf Minuten ziehen. Dann seien Sie ihn ab und trinken ihn schlückchenweise über den Tag verteilt. Am besten nehmen Sie sich eine Kanne Tee ins Büro mit.

Die Gesundheit

Das Element Metall – Chien – steht mit den Organen und Meridianen von Lunge und Dickdarm in Verbindung. Deshalb sind Bewegung und Ernährung, bestimmte Kuren und Ausgleiche wichtig, um die Balance herzustellen.

Körperliche Bewegung, Radfahren, Joggen, Schwimmen und Qi Gong bringen die nötige Sauerstoffzufuhr für den Ausgleich im Psychischen. Das Aus- und Einatmen spielt eine besondere Rolle. Während Sie sich auf die Atmung konzentrieren, konzentrieren Sie Ihren Geist auf eine Sache. Diese Konzentration ist die Natur von – Chien.

Eine wohltuende Übung ist die, dass Sie beide Hände auf dem Rücken zusammenlegen. Die linke Hand liegt dabei über der Rechten und die Daumen sind ineinander gehakt. Heben Sie jetzt die Arme so hoch wie Sie können, halten Sie die Spannung, und atmen Sie dabei langsam ein und aus. Wiederholen Sie die Übung so oft Sie wollen und ohne Anstrengung, und entspannen Sie sich dabei vollkommen. Sie erreichen mit Leichtigkeit Ihr Ziel, ausgeglichener agieren zu können. Was ist schneller getan, als gerade diese Übung im Büro? Wenn Sie viel am Computer arbeiten und Ihnen die Arbeit scheinbar über den Kopf wächst, ist diese Übung gerade richtig.

Ich empfehle Ihnen die Verjüngungsübungen täglich zu praktizieren. „Die Himmelsscheiben" sind Ideal, um Energie zu tanken.

Himmelsscheibe 1 und 2: Schließen Sie beide Füße, und stehen Sie mit diesen fest auf dem Boden. Halten Sie den Blick in der Mitte.

Beschreiben Sie mit beiden, parallel gehaltenen Händen acht vertikale Kreise über Ihrem Kopf, vier im Uhrzeigersinn und vier in der entgegengesetzten Richtung. Setzen Sie dabei die Bewegung des ganzen Körpers mit ein. Bei dem Kreis in Richtung vor dem Körper sind die Hände im Handgelenk vor dem Körper nach fußwärts abgeknickt, und die Handflächen zeigen zum Boden. Sind die Hände beim Kreisen hinter dem Kopf, dann öffnen Sie die Handflächen zum Himmel hin und knicken diese ca. 90 Grad im Handgelenk ab. Auf jeder Seite achtmal.

So nehmen Sie die kosmische Energie des Himmels in sich auf.

Haben Sie Klarheit in der Erfolgsstrategie 2, im Bereich Chien erlangt, so sind Sie bereit, im äußeren Umfeld ebenso zu wirken.

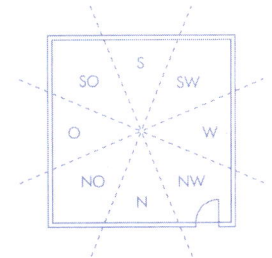

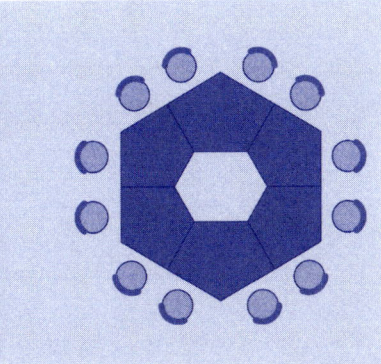

Der Raum

Die Grundinformation, die hinter Chien steht, ist, den „Weg des Himmels" zu gehen, was bedeutet, den Glauben an eine höhere Kraft und Führung zu entwickeln. Möchten Sie Unterstützung in Ihrem beruflichen Fortkommen, aber auch für die Firmenleitung selbst erreichen, so wird das Interieur auf Beständigkeit und Dauerhaftigkeit hin überprüft, da es diese Eigenschaften auch auf ein Unternehmen hin repräsentiert. Skulpturen aus gebürstetem Metall, große Kugeln oder runde Konferenztische fördern die Beziehung zu anderen und ziehen Geschäftspartner an.

Überprüfen Sie den Nordwestbereich Ihrer Arbeitsstätte. Dort sollten Klarheit und Ordnung herrschen. Die besten Farben für diesen Bereich sind: Weiß, Grau, Gold und Silber. Hängen Sie dort sprechende Bilder für ein gutes menschliches Miteinander auf.

Edle Gegenstände aus Metall wie versilberte Vasen oder Messing-Gegenstände sind eine Möglichkeit, den Bereich Chien im Äußeren zu stärken.

In Asien verwenden Geschäftsleute schwere Glocken auf dem Sideboard, um durch ein gutes Interieur-Design den Bereich Chien, der Geschäftspartner, zu stärken.

Wie empfangen Sie Kunden, Geschäftspartner oder Klienten?

Am Eingang zeigt sich das Wesen der Firma. So wie dieser aussieht, wird auf Ihr Unternehmen geschlossen, er wird mit Gold gewogen und eingestuft.
Ein Schild am Eingang: Wir begrüßen heute Herrn xy kann Wunder bewirken. Blumen, eine schöne Klingel und ein ansprechendes Namensschild sind neben einladendem Licht und guten Düften essentiell.

Im Inneren schauen wir uns dann zunächst an, wie der Kunde empfangen wird. Wo fällt sein erster Blick hin? Wie wird er platziert? Ein warmer Platz (im Sommer ein kühles Plätzchen) mit schöner Aussicht, ein Tässchen Tee oder frisch gepresster Gemüse-/Obstsaft verwöhnen jeden Geschmack und können selbst Kaffee Konkurrenz machen. Angenehme Klänge der Natur wie Wasserplätschern von einem Springbrunnen oder Vogelgezwitscher vom Band geben selbst im „harten" Business ein Gefühl der Geborgenheit.

• Im Büro sollten Gegenstände, die Sie von anderen bekommen haben, deren wohlwollende Gedanken damit verbunden sind, im Bereich des Nordwestens hervorragend platziert werden.

• Kristallkugeln im Fenster können nicht nur ein schönes Farbspiel in den Raum zaubern, sie können auch die Atmosphäre angenehm gestalten. Haben Sie große, nicht zu öffnende Fenster, so eignen sich auch 50 bis 60 Millimeter große Kristalle.

• Der Nordwesten lässt sich auch sehr gut als Besprechungsbereich nutzen, oder Sie platzieren hier Telefon und Faxgeräte.

• Im Schulungsbereich kann hier auch das Fernsehgerät stehen. Fazit: Alles, was Kontakte zu den Mitmenschen bedeutet, ist hier günstig platziert.

Die Farbe

Schauen Sie sich den Nordwestbereich Ihrer Firma an. Er steht für die Geschäftsbeziehungen. Hell und klar sollte er sein und vorzugsweise mit metallischen Gegenständen ausgestattet. Das können Skulpturen aus Metall, Klangspiele, Reklametafeln aus glänzenden Materialien oder weiße, graue Sitzgarnituren für Gäste sein.

**Die Farben von Chien:
Weiß und Grau, Silber und Goldtöne**

**Das Material für den Nordwesten Ihrer Firma: Metall,
die Form: rund.**

So stärken Sie den Bereich der geschäftlichen Beziehungen, Chien, mit Weiß:

Weiß ist die Farbe des Elementes Metall. Hier ist jedoch weniger das Weiß, als vielmehr das Silbergrau gemeint, welches die Farbe des Metalles ist. Weiß ist eigentlich gar keine Farbe. Weiß mit Schwarz zusammen bilden die Pole, die für die Entstehung von Farben wichtig sind. Man kann auch sagen, dass sich zwischen Hell und Dunkel die Farben bilden. Weder in der absoluten Dunkelheit, Schwarz, noch in der absoluten Helligkeit, Weiß, ist es möglich, die Farben wahrzunehmen. Weiß bringt auch Klarheit und Reinheit. Da Weiß im eigentlichen Sinne also keine Farbe ist, kommen die Farben von Bildern und die Aussage derselben im Kontrast zu weiß klar zu Tage. Betrachtet man darüber hinaus Weiß in seiner Zugehörigkeit zum Element Metall, dann weiß man auch, dass mit dem übermäßigem Griff zu dieser Farbe Depressionen zusammenhängen können.

Alte Quellen berichten auch von Weiß als der Farbe der Gerechtigkeit. Wie bei dem Propheten Sacharja wird bei der Mehrzahl der mongolischen und chinesischen Regionen Weiß mit der westlichen Richtung in Verbindung gebracht. Als die Hiung-nö (bei uns als Hunnen bekannt) im Jahre 201 nach Christus dem chinesischen Kaiser Kao im Kampf gegenüberstanden, hatten sie angeblich ihre Reiter so verteilt, dass auf der Westseite alle weißen und auf der Ostseite alle blauen (d.h. grauen) Pferde, auf der Nordseite alle ihre schwarzen und im Süden alle roten (braunen) Pferde gestanden hätten und so der Sieg gewiss war.

Weiß kann für die Räume im Westen, Nordwesten oder Norden benutzt werden. Geben Sie dem Weiß aber immer einen Schuss Gelb, um es sanft zu brechen, denn reines Weiß lässt die Augen zu schnell ermüden, gerade wenn es sich um ein Arbeitszimmer handelt. Eine einzelne Wand in Gelb gestrichen, kann beispielsweise schon die restlichen weißen Wände in schönes Licht tauchen.

Grau ist eine der Farben neben Weiß. Es wirkt sehr leicht ermüdend. Grau lässt die Chakren des Körpers sich langsamer drehen, weshalb es weder in den Schlaf- noch Arbeitsbereich gehört. Natürlich gehört es auch nicht an Häuserwände, da Grau hier von jedem Passanten oder Bewohner gesehen wird und nicht dazu beiträgt, die Lebensenergie anzuheben. Aber auch der Ausruf „das ist ja grauenhaft" sagt schon, wie Grau wirkt! Verwenden Sie Grau nur sehr sparsam! Ausnahme ist, wenn man die Urteils- und Kritikfähigkeit verbessern möchte, dann kann man auch zu Grau greifen!

Sollte die Hauseingangstür nach Westen oder Nordwesten weisen, so wäre es von Vorteil, sie in Weiß oder Silbergrau zu streichen. Auch das ist ein Mittel, Chien zu stärken.

Berufsgruppen wie Juweliere oder die Computerbranche stehen mit dem Element Metall in Verbindung und haben einen besonderen Bezug zu Chien. Deshalb können sie mit den Farben und Formen von Chien mehr Kunden anziehen, entsprechend Klangspiele, Metallskulpturen oder metallische Reklametafeln aufhängen. Weiß- und Grautöne sowie metallische Objekte werden hier den Vorrang haben. Vermeiden Sie insbesondere Rot in diesen Bereichen, da Rot zum Feuer gehört und Feuer das Metall zerstört.

Auch Autohersteller, Maschinen- und Apparatebaufirmen sowie Ingenierbüros gehören zum Element Metall. Das bedeutet, dass weiße und graue Farben sowie metallisches Ambiente im Vordergrund stehen.

Weiß auf einen Blick

Auflösung, Weisheit, Licht, Sauberkeit und Reinheit, Wahrheit und Freiheit.

Erfolg durch

Tu i

Nur wer mit Leichtigkeit, mit Freude
und Lust die Welt sich zu erhalten
weiß, der hält sie fest.

Bettina Brentano

Bedeutung von Tui

- **Kreativität**
- **Kinder**
- **Genuss**
- **Inspiration**
- **Pause vom Alltag**
- **gegenwärtiges Glück**
- **zukünftige Projekte**

Der innere Erfolgsbereich *Tui* ist mit Gedanken verbunden, die um die Zukunft kreisen. Neue Projekte werden beschlossen und mit Einfallsreichtum und Leichtigkeit anvisiert. Ist es nicht tatsächlich so, dass die meisten Menschen wissen, wo sie ihre Stärken haben und in welchem Bereich sie gut sind? Man könnte glauben, dass diese Menschen auch wissen müssten worin sie nicht gut sind. Aber gerade da liegt der Hauptirrtum. Man kann seine Leistungen nur auf den Stärken aufbauen. Der weltweit angesehene Management-Analytiker Professor Peter F. Drucker weiß, wovon er spricht, wenn er gerade den letztgenannten Punkt immer wieder betont. Nur wenige Menschen scheinen diesen zu beherzigen. Erfolg aber definiert sich über die Kernfrage: Was macht mir am meisten Spaß? Wenn ich nichts tun muss, was mache ich dann freiwillig gern? Wenn Sie schon immer gern Partys organisierten, warum machen Sie dann nicht gleich einen Beruf aus Ihrer Berufung? Wenn Sie gern andere Menschen zusammenführen, warum eröffnen Sie dann nicht ein Heiratsinstitut? Was auch immer Sie gern tun, es ist Ihr Potential. Sie werden darin am erfolgreichsten sein, auch am kreativsten.

Bei *Tui* geht es um Kreativität und Zukunftsorientierung, Ideenreichtum, Begeisterungsfähigkeit, jung bleiben, Trends erkennen und mit der Zeit gehen. Das ist *Tui*. Wissen Sie, was junge Menschen denken, wo ihre Wellenlänge liegt? Wie viele Menschen sind weniger erfolgreich als sie sein könnten, wenn sie zeitgemäßer wären? Selbst die Unternehmerin Claudia Schiffer ist nicht immer die Zeit hold gewesen, kam sie doch häufig zwei Jahre zu früh mit ihren Ideen, vor einem Trend, war also ebenso nicht zeitgemäß. Zum Beispiel trug sie 1998 schon Röcke, die über das Knie gingen, obwohl das Kreativ-Team vom „Otto-Versand" warnte, sie sei zu früh.

Neben dem Aspekt, sich zeitgemäß zu verhalten und junge Leute in seinem Umfeld als Regeneratoren einzubeziehen, ihre Anschauungen anzuhören und ihre Meinungen zu respektieren, ist *Tui* auch noch wie nachfolgend beschrieben zu definieren.

Der Bereich ist auf der Seelenebene mit der Sehnsucht nach Mitgefühl, Gerechtigkeit und einem ruhigen Leben verbunden. Stellen Sie sich vor, das eigene Spiegelbild im See zu sehen und sich selbst und was Sie bisher erreicht haben, zu entdecken.

Tui ist das Bild vom Urlaub in der Hängematte zwischen Palmen, am langen, weißen Sandstrand und dem Blick auf das blaue Meer. Sie malen Kringel in den Sand und hüpfen und springen vor Freude. Tatsächlich ist Freude zu empfinden, bei dem was man tut, Tui zu eigen.

Umgesetzt im Alltag bedeutet das mitunter, dass Sie spielerisch Ihren Tag gestalten. Holen Sie sich bewusst das Bild von Unbeschwertheit in Ihr Bewusstsein, und erlauben Sie sich, spielerisch mit Ihrer Arbeit umzugehen. Machen Sie alles einmal anders als bisher. Das Gehirn ist lernfähig und wird zur Kreativität erzogen, indem Sie vielleicht Ihren Tag einmal anders als gewohnt beginnen: Sprühen Sie ein paar Tropfen Zitronenwasser in den Raum. Das erfrischt nicht nur den Geist und ist ein wahrer Muntermacher, es trainiert das Gehirn. Dieses assoziiert den Zitronenduft vielleicht mit dem Duft auf sizilianischen Plantagen und stuft damit den Tag als Urlaubstag ein. Das Gehirn lernt schnell über den olfaktorischen

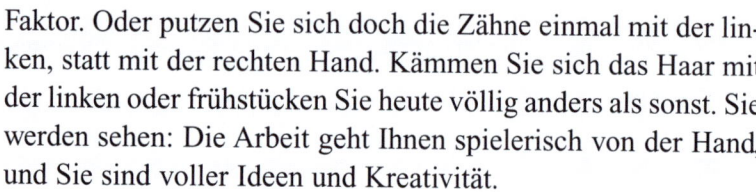

Faktor. Oder putzen Sie sich doch die Zähne einmal mit der linken, statt mit der rechten Hand. Kämmen Sie sich das Haar mit der linken oder frühstücken Sie heute völlig anders als sonst. Sie werden sehen: Die Arbeit geht Ihnen spielerisch von der Hand, und Sie sind voller Ideen und Kreativität.

Jetzt fehlt Ihnen nur noch der Spaß am Spiel des Lebens. Denn *Tui* fordert uns auf, spielerisch auf die Hindernisse im Leben zu reagieren. Wenn Ihr Mitbewerber einen Treffer gelandet hat, bedeutet das nicht, dass man sich darüber ärgern müsste. Im Gegenteil: Bereiten Sie sich vor, den nächsten Treffer zu landen, und Sie werden merken, dass Ihr Selbstvertrauen und die Motivation steigen. Das Leben ist ein großes Spielfeld! Dazu gehören noch positiv assoziierte Wortkombinationen, die Ihre Energie um ein Mehrfaches ansteigen lassen. So können Sie auf die Frage hin, wie es Ihnen geht, antworten:

- *Mir geht es phantastisch.*

- *Ich bin in wunderbarer Verbindung mit ...*

- *Es geht von Tag zu Tag besser und besser.*

- *Ich schreite voran.*

- *Ich komme meinem Ziel jeden Tag einen Schritt näher.*

Finden Sie nun heraus, ob Sie tief atmen, wann Sie das letzte Mal Urlaub gemacht haben und wann Sie kreativ sein durften. Wer oder was hat Sie eventuell daran gehindert?

Mit Tui nähern Sie sich der Lösung anstehender Aufgaben mit spielerischer Leichtigkeit.

Fragen Sie sich:

- Bin ich in der Lage, die Früchte meiner Arbeit zu genießen?

- Habe ich Sinn für ein gutes Leben und eine Art von Luxus?

- Wann habe ich das letzte Mal etwas getan, was mir Spaß machte? Gibt es eine Tätigkeit, in der ich, in Gedanken versunken, aufgehen könnte wie zum Beispiel beim Musizieren, Gedichte schreiben, Töpfern, mit Qi-Gong Kugeln spielen oder Golfen?

- Bin ich begeisterungsfähig?

- Kann ich neue Ideen gut verwirklichen?

- Wie gehe ich mit weiblichen Angestellten und Mitarbeitern um? Haben diese die Möglichkeit, sich innerbetrieblich auszuruhen und geeignete Wasch- und Toilettenräume? Sind die Büros mit schönen Bildern, Accessoires und Farben gestaltet?

- Rede ich fröhlich, begeisternd und mit bejahenden Sätzen?

- Lege ich Heiterkeit und Beschwingtheit an den Tag? Jeder Tag ist neu, und ich kann heute, jetzt und hier frisch und begeistert an mein Tageswerk gehen. Falls es mir an Heiterkeit fehlen sollte, so frage ich mich, mit welchen Menschen ich mich umgeben habe, und denke an die Spiegelwirkung, die diese für mich haben.

- Habe ich mir schon einmal Gedanken gemacht, inwiefern ich mit der Zeit gehe? Wie verstaubt sind meine Ansichten, wenn sie es denn sind? Wie ist meine Kleidung? *Tui* ist jung und dynamisch. Welches Feuer der Jugend brodelt in mir, und wie setze ich es auch äußerlich um?

Tragen Sie die Antworten in den Antwortbogen von Seite 161 ein, und prüfen Sie diese drei Monate später.

Die Zeitschrift „Vogue" schrieb über Ace Greenberg, den Chef des Finanzimperiums Bear Stearns in ihrer Ausgabe 1/2000, Greenberg kenne auf die „einfachste Frage der Welt", was er seinen Enkeln für die Zukunft auf den Weg mitgeben würde nur eine Antwort: „Tue etwas, das dir Spaß macht – egal was. Wenn du deine Arbeit liebst, wirst du sie gut machen."

Ich schließe mich bei diesem Thema insbesondere den Worten von Carol Bartz an, die die Chefin der kalifornischen Software-Firma Autodesk ist. Sie sagte, dass Liebe und Leidenschaft für den Beruf für sie Einstellungskriterien seien. Denn Leute mit Intelligenz und Leidenschaft wüssten jedes Problem zu lösen. Komme Spaß noch hinzu, dann kreiere dies Erfolg und Erfolg wiederum Spaß!

> **Das ist Tui wie es leibt und lebt. Seine Kraft ist in der Freude lebendig. So könnten wir uns fragen: Heute schon gelacht?**

Am besten heitern Sie jemanden auf, dann haben Sie doppelt so viel davon, denn einerseits handeln Sie erfolgreich, andererseits sind Sie der Gewinnerposition einen Schritt näher.

Ihr persönlicher Bezug zu Tui

Wenn Sie:		
	1921	1957
	1930	1966
	1939	1975
	1948	1984

geboren sind, dann ist Ihr Trigramm Tui

Sie schätzen alte Traditionen und Bräuche. Ihr Respekt gilt vor allem älteren Leuten, und Sie bereiten ihnen und anderen gern Freude. Ihre attraktive und charmante Art bringt Ihnen gute Geschäftsverbindungen. Man unterstützt Sie gern bei Ihren Vorhaben, zumal Sie es verstehen, mit kleinen Aufmerksamkeiten und guten Worten Geschäftspartner aufzubauen und sich zu erhalten. Immer ein gutes Wort auf den Lippen, diplomatisch in der Vorgehensweise und geistreich wie Sie sind, sind Sie natürlich sehr beliebt. Ihre Worte wirken überzeugend, und man hört Ihnen gern zu. Das bringt Ihnen das Vertrauen anderer ein. Ihr sechster Sinn ist besonders ausgeprägt, und so können Sie in der Tat die Gedanken anderer lesen und zukünftige Ereignisse vorhersehen. Lediglich Ihr Stolz kann hin und wieder lästig sein und Ihnen in die Quere kommen. Besonderer Erfolg ist Ihnen jenseits des 40. Lebensjahres beschieden, und Ihr Erfolg hängt außerdem stark von der Verbindung zu Ihrem Partner ab.

Ihre Affirmation für Ihren Erfolg

Ich bin leicht und beschwingt bei allem, was ich tue.
Mit Freude erfülle ich meine Aufgaben.

Selbst wenn Sie nicht im Jahr des Trigramms Tui geboren sind, so ist es doch erstrebenswert, Tui in das Leben zu integrieren. Es bringt Erfolg bei zukünftigen Vorhaben. Alles geht leichter voran, und Sie bekommen die Unterstützung anderer.

Deshalb gilt auf Ihrem Weg zum Gewinner: Bleiben Sie gelassen und optimistisch

• Gehen Sie sparsam mit Worten um. Verbannen Sie negative und pessimistische Gedanken.

• Als Führer einer Firma sollten Sie verstehen, dass nahezu alles, was Ihre Belegschaft für Sie tut, aus materiellen oder psychologischen Beweggründen resultiert. Deshalb zeigen Sie Ihren Mitarbeitern, dass das, was sie tun ihnen Stärke, Einfluss, Ansehen und Beifall bringt.

• Auch Kollegen sollten so behandelt werden und nicht zu vergessen der Chef selbst. Loben Sie Ihren Chef genauso wie Kollegen, die für Sie etwas getan haben. Das wirkt Wunder!

• Beispielsweise:
Sie geben einer Person Arbeit und sagen Ihr was, wann und warum Sie es ausgeführt wünschen. Sagen Sie ihr nicht *wie* sie es ausführen soll. Bieten Sie dieser Person die Möglichkeit, es selbst herauszufinden und Ihnen mitzuteilen. So können Sie

ihre Kreativität loben und selbst diese Methode überprüfen und gegebenenfalls Ihre eigenen Methoden verändern.

Geben Sie der inneren Entwicklung Raum.

• Als Mitarbeiter in einer Firma werden Ihre Leistungen eher anerkannt, wenn Sie Ihr kreatives Potential wecken, da dieses die Aufmerksamkeit auf Sie lenkt und Ihnen die Arbeit leichter von der Hand geht.

Wenn Sie sich als Chef einer Firma fragen, ob Sie Tochtergesellschaften gründen sollen, so sollten Sie Ihr kreatives Potential verstärken. Wenn Sie eine Geschäftsfrau sind oder im Begriff sich selbstständig zu machen, so folgen Sie Ihren weiblichen Instinkten. Geben Sie diesen auch genügend Raum?

Falls Sie dagegen ein Geschäftsmann sein sollten, so wäre es sinnvoll, die weibliche Sichtweise zu integrieren. Vielleicht zeichnen oder schreiben Sie gern? Oder Sie singen, musizieren und tanzen? Das alles trägt in Ihrem Alltag zu einem guten Business bei und gibt Ihnen genügend Raum, die Dinge auch wieder ernst und entschlossen zu betrachten.

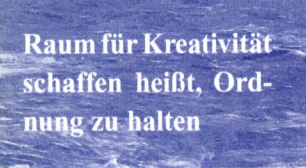

Raum für Kreativität schaffen heißt, Ordnung zu halten

• Überprüfen Sie den internen Informationsfluss, und fragen Sie sich, ob alle zur Produktion benötigten Gegenstände funktionsfähig sind. Das können die Computer, Locher, Stifte oder Ablagesysteme sein.

Ein überquellender Laden oder ein ebensolches Büro vermitteln das Gefühl, in Arbeit zu ersticken.

Sehen Sie sich nach neuen Interessengebieten um, wie Kursen in Führungsdynamik, Yoga, Tai-Chi und anderen innovativen Möglichkeiten, Ihre Kreativität zu schulen und sich zu entwickeln.

Der Speisetipp:

Das ganze Leben ist auf die Zukunft ausgerichtet. Von der Vergangenheit kommend bewegen wir uns über die Gegenwart zur Zukunft hin. Dazu brauchen wir Phantasie als Rüstzeug und für die Gehirnregion einen Muntermacher. Dieser besteht zum einen aus einer kleinen Menge Glucose und andererseits aus einer großen Menge Sauerstoff. Vitamin E, C, Ginseng, Aloe Vera und Yamswurzelextrakt sind sehr wirkungsvoll. Die eigentlich beglückenden Stoffe sind Zink, Selen und Chromium. Kleinste Mengen genügen bereits, um mit Phantasie durchs Leben zu gehen.

Wer lustvoll Oliven, Rosenkohlgerichte, Artischocken, Kresse und Linsengerichte isst, der braucht sich nicht über Gedankenblitze zu wundern. Sie können aber auch in die makrobiotische Küche schauen und dort Misosuppe entdecken. Kochen Sie sich einmal eine leichte Misosuppe mit Reisbällchen. Über eine Woche lang täglich gegessen, bringt sie Kraft und Stärke und damit auch Heiterkeit und Gelassenheit zurück. Denn bei dieser Art von Nahrung werden die Botenstoffe Dopamin und Endorphine (die Glücksbestandteile) eine Flamme der Kreativität entfalten.

Kivi enthalten die Muntermacher: Vitamin C

Statt auf den Geistesblitz, die Inspiration zu warten, ist Anfangen gefragt. Die Hauptsache ist, Sie beginnen jetzt und hier, auch wenn die Perfektion nachhinkt.

Wenn Sie zur Stärkung des Elementes Metall und der Qualität von Tui etwas tun wollen, so empfehle ich Ihnen zusätzlich die Teetrinkkur.

Der Tee der Leichtigkeit Tui

  60 Gramm Melisse
160 Gramm Johanniskraut
  40 Gramm Lavendel
100 Gramm Schafgarbe

Mischen Sie die Kräuter der Tee-Kur zusammen, kochen Sie einen Esslöffel Kräuter pro Liter Wasser auf, und lassen Sie diesen Tee fünf Minuten ziehen. Dann seien Sie ihn ab und trinken ihn schlückchenweise über den Tag verteilt. Am besten nehmen Sie sich eine Kanne Tee ins Büro mit.

Die Gesundheit

Das Element Metall steht mit den Organen und Meridianen von Lunge und Dickdarm in Verbindung. Schenken Sie Ihrer Verdauung besondere Beachtung. Meist ist die Kreativität im Darm erstickt. Darmspülungen unter Anleitung eines Arztes, Fastenkuren und Ernährungsseminare geben nicht nur die Möglichkeit, vieles klarer zu sehen, sie bringen auch eine Aus-Zeit mit sich, die das kreative Potential erhöht. Ein Kur-Urlaub mit Malerei oder Gesang kann ebenso inspirierend wirken. Und im Ernst: Heute schon gelacht? Heute schon einmal so richtig gespielt? Wann waren Sie das letzte Mal *ver*rückt? Vielleicht geht es nur darum, den Standpunkt zu ver-rücken. Das führt zu Gesundheit, die ein wichtiger Part des Erfolgs ist. Ihre Gesundheit ist in dem Maße dankbar, wie Sie erkennen, dass sie wichtig ist.

Einatmen und lange Ausatmen, ein 1- 2- 3-, aus 1- 2- 3 - 4- 5- 6- 7- 8- 9- 10, Pause und ein ... Dieser Atemrhythmus sollte nicht länger als wenige Minuten eingehalten werden, dann wieder normal weiter atmen. Insbesondere wenn Sie im Stau stehen oder zu spät zu einem Termin kommen, ist diese Art von Atmung dem *Chien* und Ihrer inneren Harmonie zuträglich.

Wenn Sie jedoch an Kopfschmerzen oder Hautproblemen leiden sollten, so könnte es sich um Schadstoffbelastungen innerhalb Ihrer Firma oder Ihres Hauses handeln. Da solche Beschwerden die Erfolgskurve abfallen lassen können, sollten wir uns nachfolgend einige mögliche Auslöser anschauen.

Trichloräthylen

Es kommt in Desinfektionsmitteln vor, in Farben, Lacken, Polituren, in chemisch gereinigten Gegenständen und Reinigungsmitteln.

Es kann Leberschäden beim Menschen verursachen. Aber, Gott sei Dank, haben wir auch einige helfende Pflanzen zur Seite, die Trichloräthylen abbauen können.

Dazu zählen Efeu, Marginata, die Friedenslilie und Chrysanthemen. Stellen Sie sich diese Pflanzen in die Wohnung, wenn Sie das Gefühl haben, dass die Atmosphäre von dem giftigen Stoff gereinigt werden muss. Wandeln Sie die negative Energie Sha in Chi, die Lebensenergie, um! Natürlich ist nicht zu vergessen, dass an erster Stelle immer die Vermeidung stehen sollte. Schauen Sie einmal auf die Etiketten der Hersteller, und kaufen Sie sich Kleidung, die Sie nicht immer in die Reinigung tragen müssen. So vermeiden Sie von vornherein Trichloräthylen.

Formaldehyd

Man kann es in Möbelstoffen, Teppichböden, in Klei-dungsstücken und in Schaumstoffen finden. Es reizt die Augen und die Luftwege, führt zu Müdigkeit und mitun-ter zu Kopfschmerzen. Vermeiden Sie zunächst Formal-dehyd, indem Sie beim Kauf von Teppichböden auf das Label genauso achten, wie beim Kauf von Möbeln oder von Kleidung. Schaumstoffe sollten sowieso nicht länger verkauft werden. Ihre Wiederverwertbarkeit und der Ab-bau sind sehr ungünstig, weil umweltbelastend.

Pflanzen wie die Chrysantheme, die Grünlilie und Phi-lodendron können Ihnen helfen, giftiges Formaldehyd ab-zubauen. Bedenken Sie trotzdem, dass die erste Devise im-mer lauten sollte: Vermeide!

Benzol

Ob in Kunstfasern, Zigaretten, Reinigungs- oder Desinfektionsmitteln – Benzol ist weit verbreitet. Was Sie sofort vermeiden könnten, wäre das Rauchen, der Kauf von Kunstfasern und die Beachtung von Inhaltsangaben bei Desinfektions- und Putz-mitteln.

Symptome wie Appetitmangel, Schleimhautreizungen der Augen und Haut, Kopf-schmerzen und Anämie können die Folge sein. Auch hier können Ihnen Efeu, Chrysanthe-men, Gerbera und die Friedenslilie helfen.

Sie erreichen ein gutes Feng Shui für sich und andere, wenn Sie umweltbewusst mit den Stoffen dieser Erde umgehen und möglichst den Kauf von giftigen Stoffen ausschließen. Somit erhalten Sie sich Ihre Gesundheit und Leistungsfähigkeit.

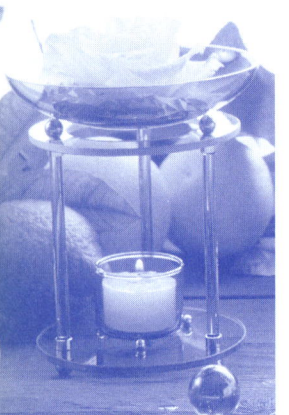

Für eine gute Luft können Sie außer mit Frischluft auch mit guten Düften sorgen wie:

Citronella: ist anregend und stimulierend;

Citrone: reinigt die Luft von Tabakrauch;

Lemonengras: wirkt Müdigkeit und Konzentrationsschwäche entgegen;

Pfefferminze: fördert die Leistungen des Gedächtnisses und die Konzentration.

Ich empfehle Ihnen insbesondere die Verjüngungsübungen allmorgendlich in Ihr Programm mit einzubeziehen. Wählen Sie das „Froschschwimmen".

Froschschwimmen: Ahmen Sie einen schwimmenden Frosch nach. Beide Füße bleiben geschlossen, die Knie zusammen. Gehen Sie leicht in die Knie. Beide Hände zeigen mit den Handflächen nach unten, bodenwärts. Jetzt beschreiben Sie Halbkreise mit beiden Armen gleichzeitig, ähnlich dem Brustschwimmen. Halten Sie den Rücken gerade und die Knie zusammen. Die Hände führen acht Schwimmbewegungen aus, acht im Uhrzeigersinn und acht in der Gegenrichtung.

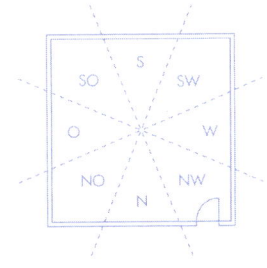

Der Raum

Der Bereich der Projekte wird maßgeblich davon beeinflusst, wieviel Spielraum die Geschäftsleitung sich und ihren jungen Mitarbeitern einräumt. Alles, was in der Himmelsrichtung Westen an Antiquitäten oder an alten Akten stehen sollte, müsste einen neuen Platz finden. Denn der Bereich der Projekte und zukünftigen Ereignisse sollte nicht belastet werden mit Dingen, die der Vergangenheit angehören. Es ist ein Terrain, das Sie vollkommen neu gestalten können, sei es durch frische Pflanzen, sei es durch Skulpturen, die zu Ihrem Unternehmen passen, sei es durch Bilder, die Ruhe und Kraft ausströmen, oder sei es durch Gegenstände wie Qi-Gong-Kugeln oder das Aufstellen eines Harmony-Pendels.

Neue Bilder in den Räumen des Denkens brauchen im äußeren Umfeld glatte, saubere Oberflächen und die Möglichkeit der Zeitkontrolle. Man sollte auch im Bereich *Chien* die Uhr nicht aus dem Blickfeld verlieren. Deshalb sind natürlich sich bewegende, auch runde, glänzende und rollende Gegenstände eine gute Maßnahme, um die Firmenziele mit Leichtigkeit zu erlangen. Bitte orientieren Sie sich auch in diesem Bereich an den Himmelsrichtungen und natürlich an der speziellen Zielsetzung, die Ihr Unternehmen vor Augen hat. Das, was Sie in Zukunft erzielen möchten, sollten Sie auch in diesem Bagua-Bereich sichtbar aufstellen oder -hängen.

Zusätzlich ist jede Art von Spiel, Spaß und kreativem Umgang in der Umsetzung von Firmenzielen in dem Bereich der Projekte willkommen

Die Energie der Gedanken im Bereich Tui ist mit der Außenwelt in der Himmelsrichtung Westen verbunden. Sie entspricht dem Weg des Tao, der ganzheitlichen Entwicklung und fördert kreative Ideen. Möchten Sie für die Auszubildenden der Firma Zukunftsperspektiven eröffnen, so wird es gut sein, den Nordwestbereich in Weiß-, Beige- und Gelbtönen, Eierschale, Gold und Silber auszustatten.

Runde Tische, Dekorationen mit Kugeln, Klangspielen oder Skulpturen aus Metall oder Stein sind förderlich.

In den Gängen oder innerhalb der Räumlichkeiten des Westens kann die Zukunft nicht nur der Jugendlichen, sondern auch des Unternehmens auf diese Weise gefördert werden.

Gestalten Sie Ihren Kreativitätsbereich, den Westen, entsprechend stimulierend. Alles was eintönig und monoton dort zu sehen ist, wird das Potential der Firma auf Dauer einschränken, da die Motivation unter Monotonie schwindet. Wenn beispielsweise Osterzeit ist, ist es nicht förderlich, wenn noch immer weihnachtliche Dekorationen zu sehen sind. Oder Sie haben jahrein, jahraus immer dieselben Dekorationen im Raum, möglicherweise die Bilder Ihrer Vorgänger, oder Sie sind mit einem unschönen Ausblick auf die Nachbarhäuser konfrontiert. Hier hilft nur eins: So wandelbar wie die Jahreszeiten sollten auch die Dekorationen sein. Von unschönen Anblicken wird durch farbiges Fensterglas, Blumen und aufbauende Bilder im Inneren abgelenkt.

Wechselrahmen für Bilder lassen nicht nur Raum für Veränderung, sondern auch den Jahreszeiten die Möglichkeit, sich im Raum zu zeigen.

Blumensträuße in weißen und zart pastelligen Tönen ergänzen das Interieur.

Wenn Sie ein Projekt zu Ende führen und die Früchte Ihrer Arbeit genießen wollen, dann verwenden Sie in Ihren Geschäfts- und Arbeitsräumen in der Himmelsrichtung Westen beispielsweise das Material Terrakotta, Marmor oder Stein. Durch Figuren oder Kombinationen mit Wasserspielen kann das Material segensreich sein. Das Bild eines Sees oder beispielsweise eine Kalligrafie von *Tui* wären auch gute Möglichkeiten der Gestaltung und des Einklangs.

Bild vom Schreibtisch

Der Schreibtisch sollte Ihnen Erfolg bescheren. Auf der rechten Seite, mittig, befindet sich der Bereich der Kreativität. Auf die hier befindliche Arbeitsfläche wird die erledigte Arbeit abgelegt.

Ihr Arbeitsraum sollte hell und klar, fröhlich und jung wirken.

Die Farben

Weiß ist die Farbe der Klarheit. Als sichtbares Statussymbol des Mannes galten bislang noch der weiße Hemdkragen und die weißen Manschetten. Auch heute noch ist es in Spitzenpositionen unbeeindruckt von Modetrends zeitgemäß, weiße Hemden zu tragen. Der Adel trug Weiß bislang als Symbol geistiger Größe.

In der Werbung ist Weiß meist ein Zeichen von Veredelung. So wie weißer Zucker und weißer Reis.

Weiß in den Geschäftsräumen

Weiß gehört in Räume, die im Westen oder Norden liegen. Denn Weiß ist die Anregungsfarbe für das Element Wasser. Gerade der nördliche Bereich ist der dunkelste. Deshalb nimmt man im Feng Shui nicht Schwarz für diese Räume, sondern die lichte Anregungsfarbe.

Sollte die Geschäftseingangstür nach Westen oder Nordwesten weisen, so wäre es von Vorteil, sie in Weiß oder Silbergrau zu streichen.

Im Büro sollte man wegen der ermüdenden Wirkung sparsam mit reinem Weiß umgehen. Computerarbeit fördert zudem noch diesen Prozess. Greifen Sie in diesen Situationen lieber zu einem gelblichen Grün, dem Lindgrün.

Weiß auf einen Blick:

Klarheit, Reinheit, Mut

Erfolg durch
Ken

Jeder, der zur wahren Erkenntnis hindurchdringen will, muss den Berg der Schwierigkeiten erklimmen.

Helen Keller

Bedeutung von Ken

- **Wissen**
- **Spiritualität**
- **Selbstreflexion**
- **Bereitschaft der Wahrnehmung innerer Signale**
- **Anregung zur Besinnung auf das Wesentliche**

Lassen Sie Hektik und Stress hinter sich, und halten Sie inne in Ihrer Betrachtung der Welt, dann wird sich das innere Gleichgewicht leicht einstellen.

Wissen vermittelt zu bekommen und Weisheit zu erlangen sind Anliegen von *Ken*. Zuverlässig, pragmatisch und konsequent, wie Sie mit gutem *Ken* sind, erklimmen Sie leicht die Seite der Gewinner. Alles, was Sie tun, hat Bestand, ist festgelegt und konkretisiert.

Eigenreflexion bestimmt den Charakter von Ken, dem Berg. Der Berg steht auch für das Bild vom „Fels in der Brandung". Die Stabilität des Berges drückt sich im Finden der eigenen Mitte aus. Mit Meditation, Konzentration und Stille kann man sich auf sich selbst zurück besinnen, auf die innere Stimme besser hören. Das ist der Weg zur Weisheit, zu wahrem Frieden mit sich selbst.

Das Bild ähnelt einem Bergsteiger, der den Gipfel unter großen Anstrengungen erklimmt und sich oben angekommen die Zeit nimmt, um sich zu fragen: Wer bin ich?

Fragen Sie sich:

- Woher bekomme ich das Wissen, das für meinen Erfolg nötig ist? Welche Schritte muss ich dafür gehen?

- Habe ich die Fähigkeit, mich ständig selbst zu überprüfen?

- Gebe ich anderen die Schuld für meine Fehlentscheidungen?

- Bin ich neidisch, habgierig und geizig, oder bin ich eher großzügig und wohlwollend? Letzteres sollte Ihr angestrebtes Ziel sein, denn Großzügigkeit erhalten Sie tausendfach zurück!

- Bin ich ein Mensch, der von anderen Ratschläge annimmt und um diese fragt? Ein guter Rat muss nicht teuer sein. Er kann von einem Unbekannten kommen und genau den Inhalt liefern, der Ihnen zu Ihrem Glück gefehlt hat.

- Gibt es für mich einen oder mehrere Menschen, die mir ein Vorbild sind? Schreiben Sie auf, warum wer ein Vorbild für Sie ist. Überlegen Sie am besten nicht lange und beginnen Sie jetzt!

Tragen Sie die Antworten in den Antwortbogen von Seite 161 ein, und prüfen Sie diese drei Monate später.

Ihr persönlicher Bezug zu Chien

Wenn Sie:

1929	1965
1938	1974
1947	1983
1956	

geboren sind, dann sind Sie im Jahr des Trigramms Ken, der Berg, geboren.

Ihre ruhige, zuverlässige, ehrliche, loyale und geduldige Art ist sehr beliebt. Sie können mit wenig auskommen und sind ein sparsamer Mensch. Manche bezeichnen diese Eigenschaft schon als Geiz. Aber vor Letzterem sollten Sie sich hüten. Denn das würde Freunde kosten. Im Grunde verstehen Sie es immer auf das Beste, aus Wenigem und Altem etwas Neues und Vieles zu machen. Sie glauben in den meisten Fällen, dass sich Reichtum nur durch Fleiß und Ausdauer, vor allem aber durch Sparsamkeit erlangen lässt.

In Wirklichkeit sind Sie eine große Führernatur, die allerdings lieber aus der zweiten Reihe agiert. Sie lassen es nicht zu, dass man Sie so leicht durchschaut oder Ihnen zu nahe kommt. Für Ihre Familie und einen engen Freundeskreis öffnen Sie sich. Sollten Sie eine Frau sein, dann erkennen Sie sicherlich, dass sich der Einsatz für die Familie lohnt und Sie eine glückliche Ehe führen. Im Business können Sie auf der ganzen Linie gewinnen, wenn Sie weiterhin aus der zweiten Reihe agieren und die Zusammenarbeit suchen. Ihre Partner oder Vorgesetzten werden begeistert von Ihrer Arbeit sein, da Sie diese sehr präzise vorbereiten und erledigen.

Ihre Affirmation für Ihren Erfolg

Ich bin die Ruhe und die Kraft.
Alle meine Entscheidungen treffe ich hier und heute
zu meinem und dem Wohle der Firma.

Selbst wenn Sie nicht im Jahr des Trigramms Ken, der kleinen Erde, geboren sind, so ist es doch von Vorteil, sich mit dieser zu beschäftigen. Ken bringt mit sich, dass man Ruhe und Stabilität gewinnt und sich wie ein Berg fühlt. Geht es hier doch darum, lobenswerte Eigenschaften zu entwickeln und anderen ein Vorbild zu sein.

Bleiben Sie ruhig und entspannt. Vermeiden Sie erregte und eigensinnige Ausbrüche. Stattdessen üben Sie sich in Bescheidenheit. Überprüfen Sie Ihre inneren Werte und Ansprüche.

Überdenken Sie im Falle von Schwierigkeiten, was diese verursacht hat, und verfeinern Sie Ihre Wahrnehmungen. Fragen Sie sich, ob Sie jemanden kopieren oder ob Sie wirklich das sind, was Sie selbst ausmacht. Welche Stärken liegen in Ihnen? Selbstverwirklichung ist der Grundpfeiler einer guten Karriere, und die macht ganz automatisch Spaß. Seien Sie das, was Sie sind, dann sind Sie ein Gewinner!

Jetzt, wo dieser Punkt klar gestellt ist, können wir uns ganz und gar dem Start in den Tag widmen.

Sichern Sie sich einen guten Tagesbeginn. Ein guter Start heißt halb gewonnen zu haben. Früh an die Arbeit zu gehen, gibt vielen Menschen ein positives Gefühl. Die Moderatorin Susann Atwell von Pro 7 ist morgens um 6.45 Uhr schon auf den Beinen. Wenn Sie vormittags keine Termine hat, dann setzt sie sich schon einmal zum Frühstücken in ein Café um die Ecke und liest Zeitungen, was sie liebend gern tut. Aber auch die Regisseurin Philine Hofmann aus München sagt, dass sie einen geregelten Tagesablauf gerade deswegen schätzt, weil ihre Arbeit sehr arhythmisch ist. Morgenstund' hat eben doch Gold im Mund, und so beginnt sie den Morgen immer mit Kaffee, Zeitung, Gymnastik oder Schwimmen. Die Hauptsache: Geregelter Morgen und früher Start!

Der Speisetipp

Zum Frühstück Frischkorn-Getreidebrei bringt Ruhe und Ausgeglichenheit für den Tag. Sie können ihn mit Früchten der Saison anreichern. Nehmen sie aber bitte immer nur eine Obstsorte.

Was Sie brauchen, ist ein tiefer, ruhiger Nachtschlaf, damit Sie selbst wie ein Berg in der Brandung sein können. Deshalb empfiehlt es sich, vor dem Zubettgehen ein Glas warme Milch zu trinken oder Tee.

Äpfel stimmen gelassen

Tee für einen guten Schlaf und zur Beruhigung der Nerven:

Guter Schlaf-Tee *Wai-Chai*

2 Teile Baldrianwurzel
2 Teile zerriebene Bärentraubenblätter
1 Teil Bitterklee
1 Teil Hopfen
1 Teil Pfefferminze
1 Teil Süßholzwurzel

Man sollte die Teemischung allabendlich über 8 bis 12 Wochen trinken. Überbrühen Sie einen gestrichenen Teelöffel Kräuter mit einer großen Tasse Wasser, und lassen Sie die Teemischung kurz ziehen. Fertig ist er, wenn die Teemischung noch recht hell, bernsteinfarben ist.

Einige Nahrungsergänzungsmittel, die Ihnen helfen können, wie ein Fels in der Brandung zu stehen, sind:

- Kalzium 1000-1500 mg täglich
- Magnesium 500 mg täglich
- B6 zweimal täglich 100 mg
- B5 250 mg täglich
- Zink zweimal täglich 15 mg
- Mangan 5 mg täglich

Fragen Sie Ihren Arzt, was er Ihnen persönlich rät.

Wenn Sie abends baden wollen, dann empfiehlt sich, ätherische Öle wie Kamille, Majoran, Sandelholz oder Lavendel tröpfchenweise dem Badewasser zuzugeben. Das beruhigt ungemein.

Wer tagsüber den Kopf besonders voll hatte, kann abends auch ein ansteigendes Fußbad nehmen. Mit einem Esslöffel Meersalz ist es besonders zu empfehlen, wenn Sie einen Anflug von Erkältung haben sollten. Ein paar Tropfen Eukalyptus- oder Fichtennadelöl ins Bad wirken Wunder.

Wer gut schlafen möchte, sollte vor allem auf fettige Speisen am Abend verzichten und ebenfalls auf alles, was Gärungen verursacht. Also spät am Abend keine Kohlgerichte, Zwiebeln und Knoblauch mehr, denn auch dies kann Unruhe mit sich bringen.

Es gibt auch Menschen, die nachts mehrmals Wasserlassen müssen. Ihr Heilmittel lautet in erster Linie, abends nichts mehr zu trinken, vor allem keine harntreibenden Tees!

Ihre Gesundheit

Das Element der kleinen Erde, Ken, steht in Verbindung mit den Organen und Meridianen von Magen und Milz-Pankreas. Um beide in einem gesunden Gleichgewicht zu halten, ist es notwendig, einerseits für eine ausgewogene Ernährung wie oben beschrieben zu sorgen. Andererseits sind ein guter Schlaf und bestimmte Bewegungen sehr förderlich, um wie ein Fels in der Brandung dem Alltagsstress Paroli zu bieten.

Der Schlaf

Sorgen Sie dafür, dass das Schlafzimmer gut durchgelüftet ist und frische Bettwäsche, die der Jahreszeit angepasst ist, Ihnen einen tiefen Schlaf ermöglicht. Eine federkernlose Matratze und ein Bett in guten Feng Shui-Maßen fördern den Schlaf.

Holen Sie sich vielleicht vom Fachkreis für Rutengänger eine kompetente Empfehlung, und lassen Sie Ihren Schlafplatz auf Störzonen und Kraftplätze untersuchen. Sie werden so leicht feststellen, ob Ihr Körper sich auf dem jetzigen Platz erholen kann oder nicht.

Radio und Fernsehen gehören natürlich nicht ins Schlafzimmer, und ein Netzfreischalter gehört in der Regel schon in alle Haushalte. Er sorgt nämlich dafür, dass der Stromkreis in Ihrem Schlafzimmer auf ein Minimum herunterfährt, wenn Sie die letzte Lampe gelöscht haben. Jeder Elektriker sollte Ihnen den Netzfreischalter innerhalb des Stromkastens integrieren können.

Bilder mit furchtbaren Inhalten rauben den Schlaf und sind es wert, verbannt zu werden. Was für Bilder gilt, ist natürlich auch für Gegenstände gültig.

> Der gute Schlafplatz ist das A und O f r gute Tageskondition

> In der Ruhe liegt die Kraft

Maße f r Erfolgreiche

Maße in cm	Einzelbett	Doppelbett
Innenmaß Bettkasten in der Länge	198 210 – 219	dito dito
Gesamtlänge des Betts	210 – 219 232 – 236	dito dito
Innenmaß Bettkasten in der Breite	82 – 90 103 – 112	167 – 176 189 – 198
Höhe des Betts mit Matratze	38 – 48 60 – 69	dito dito

Schlafen Sie nicht in der Durchzugslinie zwischen Tür und Fenster. Diese Linie raubt Ihnen die Bergkraft, die Ruhe und Stabilität. Das gilt auch, wenn die Füße zur Tür schauen.

Wäschekörbe mit alter Wäsche sind Sha-Qi und sollten ebenfalls den Raum verlassen. Unser Geruchssystem ist nämlich gerade nachts am empfindlichsten. Außerdem sollte die Luft so sauerstoffhaltig wie möglich sein, um einen guten Schlaf zu ermöglichen.

Wasserbetten sind eine zweischneidige Angelegenheit, weil Sie einerseits auf einem stehenden Gewässer ruhen und andererseits die Temperatur via Elektrik unter Ihnen aufgeladen wird. Außerdem kann der Körperschweiß nicht gut absorbiert werden. Feng Shui sagt also eindeutig *Nein* zu Wasserbetten. Das Positivum ist, dass sie ein Gefühl der Geborgenheit vermitteln und des Umarmens. Sie aber sollten in jedem Fall für sich persönlich entscheiden, was Ihnen gut tut.

Aufregende Bettwäsche- oder Gardinenmuster sind natürlich nichts für einen guten Schlaf, ebenso wenig rote Bettwäsche. Letztere ist allerdings günstig, um das Liebesglück zu fördern.

Natürliche Materialien spielen eine große Rolle. So können Sie nicht nur Schadstoffbelastungen von vornherein vermeiden, es ist so auch möglich, Krankheiten vorzubeugen und die Leistungsfähigkeit zu erhalten.

Sollten Sie gerade umgezogen sein und frisch renoviert haben, so sind einerseits der Umzug selbst und andererseits die Renovierung oft die Hindernisse eines tiefen und festen Schlafes. Haben Sie mineralische und pflanzliche Farben für das Schlafzimmer verwendet, so kann nichts Ihren Schlaf erschüttern. Was Ihnen nun noch für den Erfolg fehlt, ist die beste Kopfausrichtung innerhalb des Raumes.

Schlafen Sie sich erfolgreich!

Die Bewegung

Bewegen Sie sich tagsüber oft genug? Ein paar Verjüngungsübungen wie die „Drachenschwünge" und „Erdenkreisen" können Ihnen ein besseres Gefühl und mehr Leistungsfähigkeit vermitteln und natürlich auch einen tiefen und festen Schlaf.

Wer zusätzliche Übungen für sein Erdsystem braucht, kann sich auf den Boden knien, die Hände ineinander legen und die Arme über den Kopf ziehen. Dann den Oberkörper so weit zurückbiegen, dass Sie auf dem Boden zu liegen kommen.

Die Füße befinden sich dabei unter dem Gesäß, haben Sie es?

Drachenschwünge: Beide Handflächen und die Füße sind zusammen wie bei Übung Nummer neun. Formen Sie mit beiden zusammengehaltenen Händen Schlangenbewegungen nach unten, dabei etwas in die Knie gehen, und nach oben über den Kopf. Wieder zurück und von neuem beginnen. Der ganze Körper sollte geschmeidig wie der fliegende chinesische Drache diesen Bewegungen folgen.

Führen Sie diese Bewegung achtmal in jede Richtung aus.

Jeder Wirbel und Muskel wird mit dieser Übung gelockert!

Erdenkreisen: Stellen Sie die Füße schulterbreit auseinander. Dann beginnen Sie mit der linken Seite, indem Sie einen Schritt nach links unternehmen, ziehen Sie dazu zunächst die Fußspitzen nach oben, Bein heben und links abstellen. Der rechte Fuß dreht sich, in Blickrichtung der Zehen, ebenfalls nach links. Beugen Sie nun die Arme in Brusthöhe an, und richten Sie die Ellenbogen nach außen. Drehen Sie die Handinnenflächen zum Boden. Formen Sie nun einen liegenden Kreis, indem Sie sich mit dem Körper nach links bewegen und die Arme dabei ausstrecken, wieder anziehen und an der rechten Körperseite vorbei gleiten lassen. Wenn Sie wieder in Brusthöhc ankommen, dann ist der Kreis vollendet. Bewegen Sie den ganzen Körper so, als ob Sie einen großen horizontalen Kreis, der in Taillenhöhe vor Ihnen liegt, nachfahren wollten. Wechseln Sie ab, indem Sie einmal den Kreis zur rechten Seite fahren und einmal zur linken.

Auf jeder Seite sollte achtmal geübt werden.

Mit dieser Bewegung nehmen Sie die Energie der Erde in sich auf.

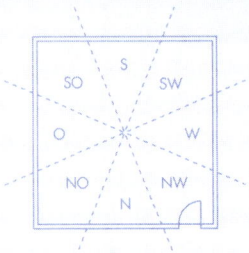

Der Raum

Überprüfen Sie Folgendes im Inneren Ihres Geschäftes oder Büros:

Ist Ihr Geschäft oder Büro zu offen gestaltet, hat es viele Fensterflächen und keine innere Stabilität? Ein mögliches Feng Shui-Mittel wäre das Aufhängen eines Bergbildes gegenüber den großen Fensterflächen.

Die Wand wirkt wie ein Berg

Sitzen oder stehen Sie möglichst mit dem Rücken zur Wand. Diese wirkt wie ein Berg. Auch hohe Stuhllehnen geben ein Berggefühl.

Auch Gothe besaß eine Ruheecke

Schaffen Sie eine ruhige Atmosphäre mit gelben, braunen, orangenen oder beigen Farbtönen, die sich im Sessel, dem Fußboden, in Bilderrahmen oder Gegenständen wiederfinden können.

In diesem Bereich sollten Sie metallische Gegenstände reduzieren und mehr warme Erdtöne, Bilder oder Figuren aus Terrakotta und schwere Gegenstände, wie Truhen mit Beschlägen, bevorzugen.

Hier könnte sich Ihre Bibliothek befinden oder Ihre Ruheecke. Alle Persönlichkeiten dieser Welt haben für diesen Bereich innerhalb ihres Business gesorgt, darunter Goethe und Schiller, Margret Thatcher und Richard Nixon.

Bergbilder im Nordosten, vielleicht hinter Ihrem Rücken aufgehängt, stärken Ihre Autorität und geben Ihnen Ruhe und Kraft.

Der Arbeitsplatz

Schauen Sie sich Ihren Schreibtisch an. Die linke, untere Ecke gehört zum Bereich Ken, dem Berg. Dort könnte Ihr Computer stehen oder einige Bücher im Regal, die symbolisch für das Wissen stehen.

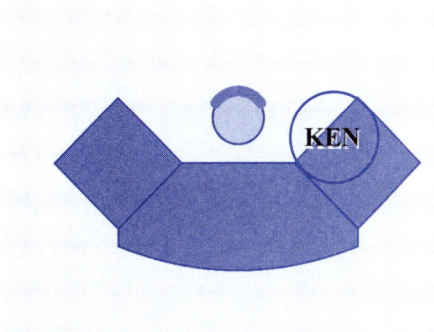

Wer allerdings immer mit dem Rücken zur Tür sitzt, wird bald merken, dass er es sich nicht gerade leicht macht. Er hat zu wenig Rückenschutz und im wahrsten Sinne des Wortes zu wenig Unterstützung.

Schauen Sie dagegen immer gegen eine Wand, könnten Sie leicht das Gefühl von Überforderung haben. Man sieht sozusagen immer einen Berg von Arbeit vor sich.

Apropos Berg von Arbeit: Räumen Sie jeden Abend Ihren Schreibtisch auf, damit dieses Gefühl Sie nicht schon am Morgen übermannt und Sie frisch und frei Ihr Tageswerk beginnen können.

Es eignet sich auch ein morgendliches Abwischen der Schreibtischplatte mit einem feuchten Tuch, um positive Energien zum Arbeiten einzuladen.

Die Farbe

Gelb ist die hellste und leuchtendste Farbe, ist sie doch der Sonne am nächsten. Am Horizont erscheint diese mitunter in glühendem Orange. Goethe benutzte Gelb als „psychologischen Aufheller" für seinen Wintergarten in Weimar. Er ersetzte die Scheiben durch gelbliches Glas und konnte so den

Gelb ist ein psychologischer Aufheller

grauen Herbsttagen kontern. Er beschreibt in seiner Farbenlehre: „Das Gelb macht einen warmen und behaglichen Eindruck. Das Auge wird erfreut, das Herz ausgedehnt, das Gemüt erheitert, eine unmittelbare Wärme scheint uns anzuwehen."

Was Goethe zu seiner Zeit erkannte, bestätigen heutige Forschungen. Wenn Sie für einen Raum des Nordostens getöntes Glas vor die Fensterscheiben hängen, so tritt der Effekt der Heiterkeit in den Raum. Manche tragen auch aus diesen Gründen Sonnenbrillen mit gelben Gläsern, die antidepressiv wirken und erheiternd.

Auch gelbe Kristallkugeln in die Fenster gehängt bringen goldenes Licht in den Raum, gemischt mit der Farbpalette des Regenbogens.

Gelb ist das Ausstrahlende

Rudolf Steiner meint zum Gelb: „Gelb ist das Ausstrahlende. Gelb ist sich ausdehnende Wärme, ist auffällig heiter, sanft reizend und hat die Tendenz, sich stärker als alle anderen Farben auszubreiten, sagen die Maler. Betrachtet man einen mit Gelb gefüllten Kreis, so bemerkt man, dass das Gelb ausstrahlt, eine Bewegung aus dem Zentrum bekommt und sich beinahe sichtbar dem Menschen nähert ...“

Gelb ist in seinem Dasein aus dem Business nicht wegzudenken. Erfolg durch die psychologische Anwendung des Farbwissens ist Ihnen sicher. Denn Gelb gibt gerade in der heutigen Zeit einem Grundbedürfnis des Menschen sich zu entfalten, sich zu verändern und von Zwängen zu befreien den richtigen Rahmen.

Gelb auf einen Blick

Harmonie, Mitte, Toleranz, Güte, Frohsinn, Aktivität, Geist, Heiterkeit und Mut

Wenn Sie sich mit der Bergkraft identifizieren konnten, sie erlebt, gespürt und verarbeitet haben, dann können wir nun zum Erfolg durch Li übergehen. Innere Klarheit, Ausstrahlung und Anerkennung zu finden ist das Wesen von Li.

Erfolg durch

Li

Jede Gabe ist eine Aufgabe.

Käthe Kollwitz

Bedeutung von Li:

- **Enthusiasmus**
- **Ruhm und Anerkennung**
- **innere Klarheit**
- **Charisma**
- **Sensibilität**
- **Selbstbewusstheit**
- **Autorität**
- **Selbstwertgefühl**
- **Mitgefühl**

Innere Klarheit, Bewusstheit und Ausstrahlung bestimmen das Bild von Li, dem Trigramm des Feuers. Das Bild zeigt einen begeisterungsfähigen Menschen, der Feuer und Flamme für eine Sache ist und seiner Freude verbal Ausdruck verleiht.

Sich leicht und beschwingt zu fühlen ist das Wesen von Li. Sie fühlen sich anerkannt und spüren den Respekt anderer. Eines der besten Mittel, Ihren Erfolg zu sichern und Ruhm und Anerkennung zu erhalten, besteht darin, sich zu organisieren und Zeit zu gewinnen.

Ihr Ruf eilt Ihnen voraus. Leidenschaft, Überzeugungskraft, Enthusiasmus und Hingabe sind die Attribute von Li, dem Feuer. Sind Sie Feuer und Flamme für eine Sache? Dann haben Sie gute Kräfte im Trigramm Li, dem Feuer.

Wählen Sie geschickt Ihr kreatives Potential, und mischen Sie es mit Selbstdisziplin und Lebensenergie, um Ihr natürliches Charisma zu fördern.

Um *Li* mehr Raum in Ihrem Leben zu geben, wollen wir uns zunächst mit einigen Fragen beschäftigen und unseren Fokus auf die innere Einstellung zu Ruhm, persönlicher Anerkennung, Image und Ausstrahlung richten.

Fragen Sie sich:

- Welches Glücksgefühl und welche Anerkennung bringen mir meine Leistungen?

- Wie anspruchsvoll sind meine Träume und Visionen?

- Habe ich genügend Empfindsamkeit gegenüber anderen?

- Wählen Sie begeisternde Worte?

- Bin ich mir über mich selbst und das, was ich tue, im Klaren?

- Respektiere ich andere? Lobe ich wo ich nur kann?

- Bin ich von der Meinung anderer abhängig?

- Nutze ich jede Gelegenheit, um anderen ein Lächeln zu schenken?

- Lächele ich am Telefon?

- Bereite ich mir und anderen Freude?

- Lebe ich meine Überzeugungen?

- Weiß ich, was ich kann, wer ich bin und wo ich stehe?

- Was hat mir bisher Anerkennung gebracht?

Tragen Sie die Antworten in den Antwortbogen von Seite 161 ein, und prüfen Sie diese drei Monate später.

Ihr persönlicher Bezug zu Li

Wenn Sie: **1928**   **1964**
                     1937   **1973**
                     1946   **1982**
                     1955

geboren sind, dann ist Ihr Geburtstrigramm Li 9, das Feuer.

Ihr Verstand arbeitet außerordentlich scharf, und Sie können Menschen leicht mit Ihrem sechsten Sinn durchschauen. Im Allgemeinen lieben Sie Wortspiele und eine gewählte Sprache, die Sie vorteilhaft einzusetzen wissen. Nur fehlt es Ihnen bisweilen an Diplomatie. Manchmal ist es so, dass Geheimnisse, die man Ihnen anvertraute, auch leicht wieder entschlüpfen.

Kultiviert und belesen wie Sie sind, fliegt Ihnen die Achtung anderer entgegen. Das ist sicher nicht verwunderlich, sind Sie doch auch höflicher Natur und heben sich wohltuend von anderen durch Ihren exzellenten Kleidungsstil ab. Sie eignen sich gut als Verkäufer, Werbefachmann und für leitende Fuktionen. Aber hinter dieser Hülle, dem äußeren Schein steckt sehr wohl eine tiefgründige Persönlichkeit. Wenn man Sie um Ihre Meinung fragt, dann kann man sicher sein, dass diese auf gründlichen Überlegungen beruht.

Sie suchen beständig nach hohen Idealen, die Sie inspirieren. Die daraus erwachsenen Funken der Inspiration sind eher futuristisch als überaus konventionell. Gleichwohl lieben Sie es, Ihre Ideen so schnell als möglich in die Tat umzusetzen. Dazu brauchen Sie die Möglichkeit, schnell reagieren zu können und freie Zeitspannen zwischen den einzelnen Sitzungen. Am besten haben Sie eine gute Sekretärin, die einen zu voll gestopften Terminkalender vermeidet. Sie wird auch wissen, dass Ihnen Geschäftsessen außerhalb Ihrer vier Wände wichtig sind.

Gerade Sie als ein Mensch mit besonderem Bezug zu Li sollten sich fragen, wie anspruchsvoll Ihre Visionen und Träume sind. Ob dafür genug Zeit und Raum bleiben. Wieviel Respekt und Anerkennung Sie anderen entgegenbringen und wie empfindsam und sensibel Sie im Umgang mit Worten sind.

Ihre Kollegen und Mitarbeiter versorgen Sie mit Witz und wohlwollenden Worten. Sie können andere animieren, ein Bedürfnis nach Erfolg zu entwickeln. Probleme räumen Sie mühelos vom Tisch.

Damit befinden Sie sich in vollkommener Übereinstimmung mit der Aufgabe von Li. Erfolg entsteht durch das Erlangen von Klarheit, durch Respekt und Empfindsamkeit dem anderen gegenüber.

Das Schlüsselwort von Li ist andererseits Bewusstheit. Entwickeln Sie Sensibilität und innere Klarheit. Sprechen Sie aus, was Ihnen am Herzen liegt. Haben Sie schon einmal darüber nachgedacht, was aus Ihren Visionen geworden ist? Gestehen Sie sich neue zu?

Ihre Affirmation für Ihren Erfolg

Ich bin großzügig und entspannt.
Die Vergangenheit lasse ich mit Freude los und vergebe und verzeihe.
Mein Herz ist versöhnlich gestimmt.
Ich weiß, wer ich bin
und bin von Freude und Dankbarkeit erfüllt, bei allem was ich tue.
Mein Leben ist ruhm- und segensreich.
Ich bin mir und anderen willkommen.
Ich gebe mein Bestes und finde die Welt wunderbar.
So ist mein ganzes Sein ein Magnet für Ruhm und Anerkennung!
Mein Leben ist erfolgreich!

Max Weber, ein Anwalt, der sich dem Studium der Soziologie verschrieb, veröffentlichte schon 1924 interessante Aspekte zu charismatischen Führern im Unternehmen. Wobei er den aus dem Griechischen stammenden Begriff „Charisma" im modernen Sinn als Fähigkeit des Menschen definierte, andere scheinbar mühelos zur Nachahmung zu veranlassen.

Besonders Henry Ford und Thomas Watson von IBM waren beispielsweise charismatische Führer ihres Unternehmens. Sie konnten großzügig sein. Sich versöhnlich zeigen und Fehler verzeihen. Allerdings auf der Basis einer effizienten Verwaltung. Präzision, Klarheit, Aktenkenntnis, Kontinuität, Einheit und niedrige Material- und Personalkosten förderten die Erfolge beider Manager.

Erfolge wollen definiert sein:

Wie sieht Ihr Ziel aus?

Erfolg will aber zunächst definiert sein. Man kann ihn am besten genießen, wenn man zuvor klar definiert hat, welche Ergebnisse des Handelns man in welchen Zeitabläufen haben möchte. So könnte man sich vornehmen, die Kundenreklamationen innerhalb eines Jahres um 20 Prozent zu senken oder die Zahl der Überstunden in den nächsten drei Monaten zu halbieren. Vielleicht möchte man im nächsten halben Jahr neue Kontakte zu interessanten Firmen knüpfen. Wichtig ist nur, dass man schriftlich die Ziele formuliert und erst einmal an deren Verwirklichung arbeitet, bevor man darüber außerhalb der Firma spricht. Das ist ein grundlegendes Prinzip des Feng Shui. Ideen zu früh aussprechen kann deren Verwirklichung vereiteln.

Der Speisetipp

In erster Linie sind es die scharf gewürzten Speisen, die tierischen Fette und Salze, die dem Körper zu schaffen machen können und die ungesunden Cholesterine an den Gefäßwänden ablagern. Das bringt nicht selten den Kollaps im Herz-Kreislauf-System mit sich. Denn die Gefäße verstopfen regelrecht, und der Blutdurchlass hat einen geringeren Gefäßdurchschnitt zur Verfügung. Gleichzeitig muss sich der Druck erhöhen, damit das Blut durch die Gefäße kommt. Deshalb gilt in erster Linie: Vermeiden Sie rotes Fleisch, Schmand, Sahne, Eier, Milch und Salz. Alle Konservierungsstoffe und Farbessenzen der Nahrungsmittel führen zusätzlich noch zu einer Übersäuerung des Blutes. Es ist dann nicht in der Lage, den Sauerstoff richtig aufzunehmen, und die Verwertung desselben ist ebenso blockiert. Die Folge sind Mattigkeit und Müdigkeit, Fettleibigkeit und Konzentrationsschwäche.

Der Gesundheit zuliebe

Um für das Element des Feuers – Li – einen Ausgleich zu schaffen und die Gesundheit zu erhalten, ist es nötig, sich zunächst um die Ernährung zu kümmern. Essen Sie Rosenkohl, Lauch, Erdbeeren, Himbeeren, Schnittlauch, Zwiebeln und Knoblauch. Junge Löwenzahnblätter oder Rucola-Salat mit leicht bitterem Geschmack fördern die Durchlässigkeit der Gefäße. Dabei ist es nicht von Wichtigkeit, wieviel Sie davon zu sich nehmen, sondern dass Sie überhaupt sich dieselben in kleinen Mengen zuführen und dies regelmäßig. Frische und Abwechslung sollten bei der Auswahl der Nahrungsmittel für das Element Feuer die Oberhand haben. Achten Sie auch darauf, dass das, was gerade auf dem Markt angeboten wird, optimal ist, da es einer jahreszeitgemäßen Ernährung entspricht und der Körper so seine Abwehrstoffe entsprechend der Jahreszeit aufbauen kann.

Wenn das Feuer in Ihnen gar zu hitzig sein sollte und der Stress überhand nimmt helfen Melisse, Lavendel, Weißdorn, Kamille oder Isländisches Moos als Tee getrunken, sowie in homöopathischer Form verabreicht. Befragen sie dazu einen Heilkundigen.

Wenn Sie mit einer speziellen Teekur das Element Feuer ausbalancieren wollen, so empfehle ich Ihnen den Li-Tee.

Der Ruhmes-Tee Li

160 Gramm Rosmarin
 60 Gramm Melisse
 40 Gramm Brennessel
100 Gramm Löwenzahn

Mischen Sie die Kräuter der Tee-Kur zusammen, kochen Sie einen Esslöffel Kräuter pro Liter Wasser auf, und lassen Sie diesen Tee fünf Minuten ziehen. Dann seien Sie ihn ab und trinken ihn schlückchenweise über den Tag verteilt. Am besten nehmen Sie sich eine Kanne Tee ins Büro mit.

Ihre Gesundheit

Das Element Li steht organisch und hinsichtlich der Meridiane mit dem Herzen, mit Kreislauf, Dünndarm und dem Gefäßregulator, dem Dreifach-Erwärmer, in Verbindung.

Zeitdruck ist ungünstig fürs Herz. Überanstrengung und Dauerstress führen nur zu Herzhitze, wie die Ärzte für Traditionelle Chinesische Medizin (TCM) diesen Zustand beschreiben. Dadurch können Schlafstörungen, Schreckhaftigkeit und Nervosität entstehen.

Wenn Sie sich wenig Regeneration gönnen und lange Zeit unter Anspannung und hohen Anforderungen stehen, dann gibt es häufig Durchblutungsstörungen in der Herzgegend.

Wer viel Kaffee trinkt und raucht, fördert auch nicht gerade die Ausgeglichenheit des Herz-Kreislaufsystems.

Aus dem Bereich der Verjüngungsübungen kann ich Ihnen besonders die Übungen „*Das Herz beleben*" und „*der Phönix breitet die Flügel aus*" empfehlen.

Das Herz beleben: Schließen Sie die Füße. Halten Sie beide Hände geschlossen in Brusthöhe vor Ihren Körper. Die Fingerspitzen sind dabei kopfwärts gerichtet. Ellenbogen nach außen drücken. Halten Sie den Blick in der Körpermitte, nach vorn gerichtet. Schieben Sie nun auf einer gedachten, geraden Strecke Ihre Hände nach rechts und die Hüfte zur linken Seite heraus. Lächeln Sie und wechseln zur anderen Seite. Verharren Sie jeweils in der Körpermitte einen Moment und schieben gegengleich Hüfte und Arme zur anderen Seite. Wiederholen Sie diese Übung achtmal zu jeder Seite.

Der Phönix breitet die Flügel aus: Sie beginnen im schulterbreiten Stand. Wechseln Sie Ihre Fußstellung zum Schritt nach links, in L-Schritt-Form. Formen Sie einen Ball zwischen Ihren Händen, den Sie quasi in Hüfthöhe, auf der rechten Seite, tragen. Die rechte Hand ist oben, die linke Hand ist unten. Lassen Sie nun die linke Hand in Augenhöhe nach oben gleiten, währenddessen Ihre rechte Hand in Hüfthöhe abgleitet. Halten Sie den Augenkontakt für einen Moment mit der Handinnenfläche der linken Hand, und drehen Sie diese dann nach außen. Gleichzeitig drehen Sie die Handinnenfläche der rechten Hand himmelwärts und bewegen diese nach oben. Schauen Sie über Ihre rechte Schulter dieser Bewegung nach. Führen Sie diese Bewegung so langsam und fließend wie möglich aus, um die kosmische Energie durch Ihren Körper zirkulieren zu lassen.

Führen Sie jede Bewegung achtmal aus.

Der Raum

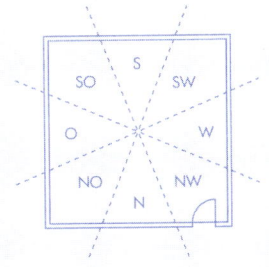

Richten Sie sich im Süden Ihrer Räume sehr hell und freundlich ein. Mit der Farbe Rot in diesem Sektor tragen Sie zu Ruhm und Gedeihen des Erfolges bei. Das können rot blühende Pflanzen sein oder ein Bild in rotem Rahmen. Seien Sie nur kreativ genug, und schaffen Sie eine wirklich lichte und charismatische Umgebung, in der Sie sich wohlfühlen und innerlich baden können. Natürlich brauchen Sie nicht wirklich den Beifall anderer, da die wahre Stärke im eigenen Selbst liegt. Dennoch ist eine entsprechende Atmosphäre auch an trüben Wintertagen und in einem Stimmungstief sehr anregend und bringt Sie mental wieder auf Trab.

Rote Türen bringen Glück

Vermeiden Sie hier ein Zuviel an Wasser, und setzen Sie lieber auf den Anregungszyklus der Elemente. Verstärken Sie Ihr Vorhaben mit dem Holz-Element, indem Sie Pflanzen und die Farbe Grün verwenden. Auch Bilder der Mittagssonne und rote Buch- und Aktenordnerrücken stärken Li und geben Power.

Elementenkreis

LI
HOLZ — ERDE
WASSER METALL

Wünschen Sie Firmenerfolg rund um die Welt, so stellen Sie in dem Bereich *Li,* im Süden oder auf dem Schreibtisch vor sich, einen Globus oder einen Weltatlas auf.

Auch das Bild oder die Figur eines Flamingos oder anderen roten Vogels hebt die Energie des Ruhm-Bereiches. Möchten Sie mehr um die Welt fliegen, so könnte an der Stelle des Vogels konkret ein Flugzeug abgebildet sein.

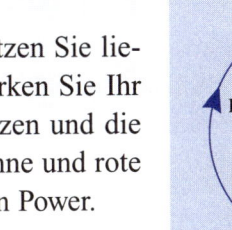

In Asien ist es auch üblich, rote Glücksumschläge zu benutzen. Einladungen und Wünsche zum Jahreswechsel werden darin verschickt.

95

Rote Stoffe, Teppiche, Telefone oder rote Lampenschirme wie auch rote Kleidung in Geschäftsauslagen fördern die Erfolgsaussichten.

Gastronomiebetriebe, die Mittagstisch anbieten, gehören zum Feuer. Wenn Sie einen solchen Betrieb haben, dann sind warme Rottöne in den kalten Ländern hervorragend geeignet, um ein stimmungsvolles, feuriges Ambiente zu schaffen. Natürlich muss die Einrichtung zum Stil und zur Art des Restaurants passen. Rotes Dekor passt zum Element Feuer und fördert die positive Resonanz und damit Ihren Umsatz. Da auch Licht zum Element Feuer passend ist, sollten Sie für eine warme Beleuchtung des Restaurants sorgen. Kerzen können auch dort bereits entzündet sein, wo noch keine Klientel zu sehen ist. Vorhandene Kamine sollten auch in der kühlen Übergangszeit ihr Feuer lodern lassen. Alles das fördert den Erfolg des Geschäftes und der Ruf wird Ihnen weit über die Stadtgrenzen hinaus vorangehen.

Spiegel können kleine Räume *größer* erscheinen lassen. Sie verdoppeln sozusagen die Kundschaft, ein gutes Omen für gut gehende Geschäfte. Ein Aquarium mit acht roten Goldfischen oder Süßwasserfischen in ungerader Anzahl kann in der Nähe der Tür das wohltätige Chi sammeln.

Da das Zeichen des Feuers das Trigramm Li ist, das mit Freude verbunden ist, stellen Restaurantbesitzer in Chinarestaurants lebensgroße, lächelnde Buddhas auf. Sie können das gleiche Prinzip mit europäischen Symbolfiguren erfüllen. Solche Figuren sind in Eingangsnähe hervorragend positioniert. Sie heben das Chi, die Lebensenergie an und stimmen freundlich und zuversichtlich.

Fische gelten als Symbol des Reichtums, erst recht wenn sie prächtig gedeihen. So mancher, der sein Aquarium im Bereich des Westens und damit im Kinderbereich stehen hatte, konnte sich schon an Nachwuchs – nicht nur bei den Fischen – erfreuen!

Feuer – Li – ist im unausgewogenen Zustand Menschen zu eigen, die oberflächlich sind, mitunter hat ihr Geist die Tendenz die Dinge zu fragmentieren. Anderen mangelt es an Disziplin.

Fragen Sie sich selbst, wieviel Feuer in Ihnen brennt, und erleben Sie bewusst die Freude auf dieser Welt zu sein. Teilen Sie diese mit allen Menschen, die Ihnen begegnen und richten Sie sich auf Ihre Visionen aus.

Farben

Das Trigramm Li deutet auch auf die Stimmung des Sommers, die volle Blüte und Wärme hin. Holen Sie sich mit den Farben des Sommers die Qualität von *Li* herein. Hauptsächlich sind es die leuchtenden Farben, die in ihrer Intensität in den Ruhmes-Bereich nach Süden gehören.

Rot und das Symbol des Glücks sind untrennbar miteinander verbunden

In südlich gerichteten Räumen kann man sparsam Rottöne verwenden: Ein roter Teppich, rote Aktenrücken, eine rote Schaufensterdekoration oder eine rote Wand in einem Brautladen sind Beispiele. Rot hat ein sehr forderndes Feng Shui.

Sollte die Firmentür nach Süden zeigen, so wäre es von Vorteil, sie in einem Rotton zu streichen.

Wenn Sie die Südwand im roten Farbton streichen, Bilder in rotem Rahmen oder mit blumigen Themen aufhängen, werden Sie sich in Einklang mit den Kräften des Feuers bringen und Ruhm und Anerkennung anziehen.

Rot ist die Farbe des Feuerelementes und wird mit dem Leben in Verbindung gebracht. Es ist aber auch die Farbe, die den Prozess der Ichfindung eines Individuums unterstützt. Sie gibt Kraft zum Durchhalten, stärkt das Bewusstsein, ist fordernd und herrschend.

Rote Kleidung zeigt an, dass Sie aktiv, durchsetzungswillig und dynamisch geladen sind. Gerade an grauen Wintertagen kann das Ihren Geschäftspartner aufmuntern. Lediglich die Menge, die Farbintensität und der Rahmen des Auftritts bestimmen die Wirkung. Deshalb Achtung, nicht dass die Stimmung Ihres Gegenübers in Aggression umschlägt durch ein Zuviel an Rot! Möchten Sie einen im Krankenhaus liegenden Firmenangehörigen besuchen, so werden Sie auf Rot verzichten und Blau- oder Grüntöne tragen. Möchten Sie gesehen werden, dann eignet sich Rot auf alle Fälle, da es Yangkraft besitzt und seinen Träger ins Rampenlicht rückt.

Rot ist auch die Farbe des Kriegers, der Liebe und der Leistungsbereitschaft. Es vermittelt Achtung. Das purpurne Rot gibt Würde. Wird Rot zu übermächtig eingesetzt, kann es zu Zorn, Wut, Streit und überbetonter körperlicher Liebe kommen, aber auch zu Euphorie und närrischem Benehmen. In der chinesischen Tradition steht Rot für das Glück. Ein roter Umschlag in das Portemonnaie getan mit etwas Reservegeld, lässt keine unangenehmen Situationen aufkommen und bedeutet nach asiatischem Denken, dass sein Besitzer immer die Taschen voller Geld haben wird. Es ist aber auch en vogue, den Umschlag mit schriftlich formulierten Wünschen den Reichtum betreffend in seinen Tresor zu legen. Wieviel Geld Sie sich in welchem Zeitraum wünschen, könnte dort verankert sein. Manche haben den Umschlag auch in der Kasse ihres Geschäftes und schwören darauf, dass er ihnen viel Glück hinein trägt.

Wartesessel in einladendem Rot bringen Glück in ein Unternehmen, sagen die Asiaten. Auch der berühmte rote Teppich, der in der Regel nur zu besonderen Anlässen ausgerollt wird, könnte in Ihrem Business als Dauereinrichtung liegen.
Rote Mauspads eignen sich für Menschen, die in den Jahren der Erde und des Feuers geboren wurden.

Rot auf einen Blick:

Willen, männlich, anregend, belebend, Aktivität, Aggression, Zorn, Handeln, jugendliche Kraft, Streit, Gegenwart, Krieger, Hektik, Liebe, Achtung und Glück, Farbe des Individualismus

Haben Sie mit Li Freude in Ihr Leben geholt? Wissen Sie, was Sie wert sind? Alle Worte, die aufbauender Natur sind, sind jetzt in Ihrem Wortschatz? Dann kann es losgehen. Nähern wir uns Kan und fragen, welche Steine auf dem Karriereweg liegen. Machen Sie sich diese bewusst, um sie aus dem Wg zu räumen.

Erfolg durch

Kan

Chancen zum richtigen Zeitpunkt ergreifen

Nimm Dir Zeit

um zu arbeiten – es ist der Preis des Erfolges,
um nachzudenken – es ist die Quelle der Kraft,
um zu spielen – es ist das Geheimnis der Jugend,
um freundlich zu sein – es ist das Tor zum Glücklichsein,
um zu träumen – es ist der Weg zu den Sternen,
um zu lieben – es ist die wahre Lebensfreude,
um froh zu sein – es ist die Musik der Seele.

Isländische Weisheit

Das Gefühl, im Fluss des Lebens zu sein, ist nicht nur für jede Geschäftsleitung optimal, es ist auch für die gesamte Firma und den Verkauf wichtig. Das Bild zeigt Menschen in einem Boot, die jede Chance nutzen, die sich ihnen auf dem Weg bietet. Sie wissen, wann es nötig ist anzuhalten, und wann es richtig ist, weiter zu fahren.

Bedeutung von Kan

- **Karriere**
- **akademische Laufbahn**
- **Lebensenergie**
- *Fortpflanzungsenergie*
- *Überlebensstrategien werden entwickelt*
- *gutes Zeitmanagement*
- *klare Orientierung*
- *neue Wege öffnen sich*

Wer nichts wagt, der nichts gewinnt!
Es geht nicht um Siegen oder Verlieren, sondern darum, sich in den Lauf des Wandels einzubringen. Ein entwickelter Mensch ist wie das Tao selbst, weiß, wo er steht und ist hoffnungsvoll, frei von Ängsten und zukunftsorientiert.

Erfolgreich zu sein bei dem, was man mit Freude und Einsatz tut, das wünsche ich Ihnen. Finden Sie Ihren eigenen Weg. Die Herkunft spielt dabei eine weniger wichtige Rolle, wie die Studie *Lessons from the Top* herausgefunden hat. Untersucht wurden die Biografien von 50 Top-Managern. Oft war deren Kindheit geprägt von Armut, hart und dennoch eine Energiequelle ihres Erfolges. Denn gerade daraus entstand die Motivation zur Überwindung dieser Situation, sie wurde zum Motor ihres Erfolges.

Es gibt viele Wege, um Karriere zu machen. Es ist nicht immer der rote Teppich oder die Kutsche, mit der wir vorankommen. Den eigenen Weg zu gehen, sich von niemandem beirren und sich auch nicht von Ratgebern von seinem für richtig erkannten Weg abbringen zu lassen, das ist die Maxime zum Erfolg.

Deshalb stellen Sie sich folgende Fragen:

- Tun Sie das, was Sie innerlich überzeugt?

- Sind Ihre beruflichen Angelegenheiten im Fluss, und fühlen sich die Geschäfte leicht an?

- Lässt sich Ihre private Vorstellung mit der beruflichen gut verbinden?

- Sind Sie zufrieden mit dem, was Sie tun?

- Kommen die geschäftlichen Möglichkeiten leicht auf Sie zu?

- Wie leicht fallen Ihnen Entscheidungen?

- Haben Sie ein gutes Zeitmanagement?

- Wovor haben Sie möglicherweise Angst?

- Ist es die Angst, etwas Neues zu beginnen?

- Können Sie Unbrauchbares leicht weggeben?

- Können Sie sich von Personen, die Sie auslaugen oder hemmen leicht lösen?

Tragen Sie die Antworten in den Antwortbogen von Seite 161 ein, und prüfen Sie diese drei Monate später.

Ihr persönlicher Bezug zu Kan

Wenn Sie:	1927	1963
	1936	1972
	1945	1981
	1954	

geboren sind, dann ist Kan Ihr Jahreselement.

Ist Kan Ihr Element, so haben Sie besondere Aufgaben auf diesem Gebiet, und es ist nützlich genauer zum Wesen von Kan durchzudringen. Wenn Kan nicht Ihr persönliches Element ist, dann sind doch die Karriereaussichten günstig, wenn Sie Kan in Ihr Leben einlassen. Personen, die im Jahr von Kan geboren sind, haben die Schöpferkraft auf ihrer Seite. Einfallsreichtum und Vorstellungsvermögen sind Ihnen zu eigen. Ihre Intelligenz und Ihr gutes Gedächtnis sind offenkundig. Man kann Sie um alles fragen, und Sie werden sich in der Regel noch an Geschehnisse, die weit zurückliegen können, erinnern. Wenn man einen Job hat, der Präzision erfordert, Organisationstalent, klare Entscheidungen und ein gutes Gedächtnis, dann sind Sie die/der Richtige dafür. Sie lieben das Gerangel in der Arena, und Konkurrenzkampf bringt Sie erst so richtig auf Touren. Ihre nette und sympathische Art kommt nicht nur bei Kindern gut an, es ist auch die Art, die Ihre Mitarbeiter und Freunde lieben. Aber unter der sanften Oberfläche verbirgt sich eine rauhe und dennoch herzliche Schale. Man kann Ihnen Probleme anvertrauen, und Sie finden fast immer eine Lösung.

Nun benötigen Sie nur noch Ihren abgeschirmten Arbeitsplatz, einen Raum der alles andere als ein Großraumbüro ist. So sind Sie zu großen Taten fähig.

Ihre Affirmation für Ihren Erfolg

**Ich befinde mich im Fluss des Lebens.
Freudig lerne ich aus meinen Fehlern und bin dankbar dafür.
Ich liebe das Leben und genieße die Vielfalt seiner Erscheinungen.**

Ein entwickelter Mensch ist wie das Tao. Er weiß, wo er steht und ist gut im Leben orientiert. Deshalb sollten Sie Nachfolgendes beherzigen:

Zerstreuen Sie jeden Pessimismus, und bleiben Sie optimistisch und lebensfroh gestimmt. Sehen Sie einen langen, gewundenen Pfad vor sich, dem Sie folgen. Wenn Sie auch nicht immer sehen, wohin er führt, so ergibt sich doch nach jeder Wegbiegung eine neue Möglichkeit. In den nachfolgenden Gedanken ist das Potential enthalten, um schneller an das Ziel Ihrer Wünsche zu gelangen.

Erfolg ist machbar, so geht es!

Nutzen Sie am besten die Zeit der Autofahrt, um wichtige Kassetten mit Informationen zu hören.

- Tragen Sie stets einen Notizblock oder kleinen Computer bei sich.

- Haben Sie grundsätzlich immer in ihrer Nähe Block und Stift.

- Schreiben Sie alle anfallenden Arbeiten auf, und notieren Sie deren Reihenfolge nach Dringlichkeit und Wichtigkeit. Bestimmen Sie sodann, wie Sie delegieren können, wer Ihnen welche Arbeiten abnehmen kann.

- Vermeiden Sie, anderer Leute Zeit zu vergeuden.

- Verbinden Sie Ihre Lunchzeit mit konstruktivem Zusammensein.

- Notieren Sie sich die Stunden, in denen Sie am leistungsfähigsten sind und Zeiten, in denen Sie Ihre *Leere* haben. Sodann legen Sie wichtige Arbeiten in die Zeiten außerhalb der *Leere*.

In der Regel sind Sie am Morgen am leistungsfähigsten, gerade dann, wenn Sie zum Frühstück Frischkornbrei gegessen haben, der nicht nur lange vorhält, sondern auch hellwach macht, durch seinen hohen Gehalt an Mineralstoffen. So können Sie am Morgen Ihre schöpferische Phase nutzen. Der Nachmittag eignet sich sehr gut

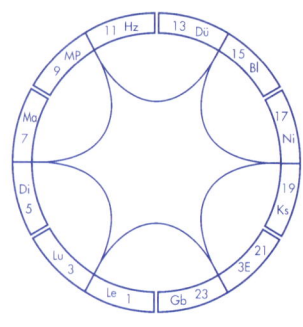

für Routinearbeiten. In der Traditionellen Chinesischen Medizin wird dieser oben beschriebene Lauf der Energie anhand der Organuhr abgelesen.

Der Speisetipp

Zu den Nahrungsmitteln, die das Gleichgewicht seelisch-geistiger Natur herstellen und für *Kan* wichtig sind, zählen Gerste und Buchweizen, Algen und Fisch. Neben diesen sind die besten Quellen Ananas, Artischocken, Blaubeeren, Haferflocken, Tomaten, Schwarzwurzeln, Ziegenkäse und Zucchini.

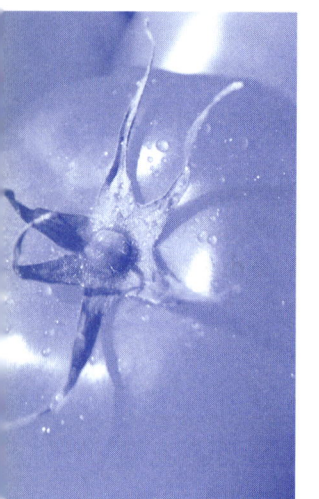

Tomaten helfen den Blutdruck zu regulieren

Salz in kleinen Mengen wirkt abführend. Zuviel Salz schwächt jedoch die Nieren und führt zu Bluthochdruck, weshalb man nur in kleinen Mengen Salz verwenden sollte. Schleim wird so durch Salz ausgeschieden und Körpersäfte werden dadurch vermehrt. Bei hohem Salzkonsum geschieht das Gegenteil, der Körper trocknet aus, wird hart und steif. Menschen, die viel Wurst und Fleisch, dabei aber kaum etwas anderes essen, werden steif in ihren Bewegungen, so dass sie sich nur noch „im Block" umdrehen können.

Verwenden Sie vorwiegend jodhaltiges Salz, da in unserer modernen, eher radioaktiv gesegneten Zeit, Jod vermehrt gebraucht wird. Wenn der Körper nicht genügend Jod erhält, dann nimmt er radioaktive Bestandteile aus der Luft auf. In Städten ist aufgrund der Luftbelastung der Jodbedarf höher als auf dem Lande. Einen Jodmangel können Sie möglicherweise an Mattigkeit, Kältegefühl im Körper, niedrigem Blutdruck, trockener Haut und Gewichtszunahme erkennen. Jod ist natürlich für die Schilddrüsenfunktion wichtig und spielt die Hauptrolle im Energiehaushalt des Körpers. Sie benötigen zirka 180 Mikrogramm Jod täglich.

Wer einerseits genügend Jod zu sich genommen hat, sollte andererseits nicht vergessen, dass auch das Trinken von Wasser oder Tee, mitunter von beidem, wichtig ist, um den Gehirnstoffwechsel im Gleichgewicht zu halten. Elektrische Impulse laufen besser über das Medium Wasser, und wahre Geistesblitze sind auch dem Wasser-Element zu verdanken. Deshalb mein Vorschlag: Greifen Sie zu einem Tee, der Ihre Karriere befördert, dem *Kan-Tee*.

Die Hauptlieferanten von Jod sind in jedem Fall Meeresfische, Krusten- und Schalentiere

Der Karriere Tee Kan

100 Gramm Enzian
160 Gramm Rosmarin
100 Gramm Brennessel

Mischen Sie die Kräuter der Tee-Kur zusammen, kochen Sie einen Esslöffel Kräuter pro Liter Wasser auf, und lassen Sie diesen Tee fünf Minuten ziehen. Dann seien Sie ihn ab und trinken ihn schlückchenweise über den Tag verteilt. Am besten nehmen Sie sich eine Kanne Tee ins Büro mit.

Trinken Sie drei bis fünf Tassen Kräutertee täglich. Dass Wasser nicht gleich Wasser ist, weiß man spätestens, seit es besondere Wassersysteme gibt, die die Lebensenergie des Wassers aktivieren. Fragen Sie in unserem Institut danach. Die Lebensqualität steigt, da Sie das Wasser direkt aus der Leitung trinken können, die Blumen gedeihen besser und der Kalkgehalt des Wassers reduziert sich.

Ihre Gesundheit

Das Element Wasser steht mit den Organen und Meridianen von Niere und Blase in Verbindung. Es gibt einige Möglichkeiten, um die Energie in diesen Bereichen in ein gesundes Gleichgewicht zu bringen. Die Ernährung, die Bewegung, die Gedanken und Emotionen sind dabei wesentlich.

Bauen Sie deshalb in Ihr morgendliches Programm einige Minuten Zeit für folgende Verjüngungsübungen ein:

„Vitalenergie" und „Die Schildkröte zieht den Kopf ein".

Vitalenergie: Lächeln Sie und beginnen Sie im schulterbreiten Stand. Wenden Sie sich im nächsten Schritt zur linken Seite, indem Sie den linken Fuß anheben, die Fußspitze nach oben ziehen und den Fuß mit einem Schritt nach links abstellen. Heben Sie bei dieser Bewegung beide Hände in Gesichtshöhe, mit den Handinnenflächen zu Ihnen gewandt. Wenn Sie auf der linken Seite im Stand angekommen sind, ist die linke Hand höher als die Rechte. Wenden Sie nun Ihre ganze Aufmerksamkeit dem linken Handteller zu, schließen nun die Finger zur Faust, öffnen die Hand und drehen die Handinnenfläche nach außen. Ziehen Sie die rechte Fußspitze zur linken Ferse kurz heran, tippen Sie an der linken Ferse kurz an, und führen Sie Ihre rechte Fußspitze zur rechten Seite, dabei bewegen sich beide Hände mit: Die linke Hand wandert im Halbkreis vor dem Körper, indem sie ein U beschreibt, in die rechte Hand schauen Sie und führen diese vor den Augen zur rechten Seite. Jetzt stehen Sie in L-Form mit den Füßen zur rechten Seite gewandt. Schließen Sie die rechte Faust und beginnen nun seitengleich von Neuem. Auf jeder Seite achtmal.

Schwangere sollten diese Übung vermeiden.

Die Schildkröte zieht den Kopf ein:

Ahmen Sie die Bewegung der Schildkröte nach. Lockern Sie dabei Kopf und Schultern. So führen Sie die Übung aus:

Stellen Sie die Füße schulterbreit auseinander. Formen Sie einen Ball mit Ihren Händen, indem sich die rechte Hand oberhalb und die linke unterhalb des gedachten Balls befindet. Drehen Sie sich zur linken Seite, und bewegen Sie die linke Hand mit der Handinnenfläche in Augenhöhe, die rechte Hand gleitet in Hüfthöhe. Schauen Sie in den Handteller der linken Hand hinein, drehen dann die Hand zur „Hasenpfotenstellung" und holen nun auch die rechte Hand, mit der Handfläche zum Boden weisend, in Höhe der Linken. Beide Hände befinden sich nun in „Hasenpfotenstellung". Drehen Sie beide Hände dann zu sich, sodass Sie in die Handinnenflächen schauen können. Beugen Sie sich leicht zurück, und führen Sie beide Hände an Ihrer Körpermitte entlang. Gehen Sie dabei in die Kniebeuge. Ihre Hände gleiten an den Knien vorbei, dann strecken Sie die Arme, wechseln die Handstellung zur „Hasenpfote" und richten sich wieder auf, indem Sie sich leicht nach hinten beugen. Bewegen Sie beide Hände in Ohrenhöhe. Stoppen Sie die Bewegung für einen Moment, und kehren Sie die Bewegung in eine Vorwärtsbewegung um. Gleiten Sie nun mit beiden Händen von den Ohren, über das Haupt bis zur Körpervorderseite. Strecken Sie dabei die Ellenbogengelenke aus und gehen Sie bis zu den Knien nach vorn runter. Beim Aufrichten formen sich die Hände wieder zur „Ball-Halte-Stellung" zusammen, und Sie wechseln die Seite. Die rechte Hand geht in Gesichtshöhe nach vorn. Nehmen Sie Augenkontakt auf. Drehen Sie die Hand zur „Pfötchenstellung", und holen Sie die linke Hand in die gleiche Stellung nach. Wiederholen Sie nun die Übung wie für die linke Seite beschrieben.

Jede Seite bitte viermal, also insgesamt bewegen Sie achtmal beide Seiten.

Lassen Sie uns nachfolgend einige Faktoren betrachten, die für Ihre Karriere entscheidend sein können. Denn wo Krankheiten sind, ist auch ein Weiterkommen auf der Karriereleiter erschwert.

Der Partner kann Ihnen Kraft geben

Sind Sie nicht im Gleichgewicht mit sich und Ihrer Umwelt, dann zeigt sich dies psychosomatisch möglicherweise in Rückenschmerzen. Ein Problem ist eine Aufgabenstellung, und diese zeigt sich auch im Bereich der Partnerschaften, wenn das Element Wasser, welches mit dem Unterleib in Verbindung steht, nicht balanciert ist. Der Partner ist unsere Stütze, mitunter unser Ruhepol oder der Part, der uns neue Blickwinkel eröffnet. Stimmt es hier nicht, ist auch die Energie im Karriere-Sektor blockiert. Läuft hingegen unsere Beziehung gut, und wir schätzen und lieben den anderen, dann sind wir gedanklich und emotional frei und können uns unserem Erfolg widmen. Deshalb legt man im Feng Shui wert darauf, dass die Partnerschaft im Lot ist und man möglichst dicht an dicht schläft, auf einer Matratze und mit einem schönen Kraftplatz der Liebe im Schlafzimmer. Er darf und sollte liebe Aufmerksamkeiten beider und eine Erinnerung an gemeinsame, schöne Tage beinhalten. Die Partnerschaft ist ein Yin-Yang-Paket, das beiden Partnern Kraft vermitteln kann. Sollten Sie getrennt schlafen, dann muss die Liebe darunter nicht leiden. Ein Bild Ihres Partners kann Ihnen einen Ausgleich bringen, kleine Liebesbeweise am Bett des anderen ebenso. Das können Blüten, Liebesbriefe oder ein Betthupferl sein.

Die Traditionelle Chinesische Medizin sieht die Energie des Wassers mit den Nieren in Verbindung stehen, wie ich es oben schon erwähnte. Dort sind das Reservoir für die ererbte Energie und der grundlegende Überlebensantrieb gespeichert. Stärke im Inneren und Sanftheit im Äußeren sind die Anzeichen von guter Nierenenergie. Damit aber auch von einer guten Wirbelsäulenkraft. Ein gutes Unternehmen braucht Menschen mit Rückgrat! Der Teufelskreis für das Rückgrat der meisten Kopfarbeiter beginnt mit sitzender Tätigkeit am Morgen und endet ebenso am Abend. Der Mensch ist zum „Sitzmenschen" degradiert und braucht sich nicht zu wundern, wenn sich die Oberschenkelmuskeln verkürzen und die Rückenmuskeln schwach werden. Der Bauch quillt nach vorn und das Kreuz (ver)spannt sich. Selbst die Schulter- und Armmuskeln leiden und Sehnenscheidenentzündungen sind häufiger die Folge. In so einem Fall muss man nicht erst auf den Bandscheibenvorfall warten. Feng Shui-Empfehlungen gehen dahin, dass die Stühle Armlehnen (Tiger- und Drachen-Unterstützung) haben und eine gute hohe

Rückenlehne (Schildkröte). Die Sitzhöhe muss auf den Sitzenden hin eingestellt werden. Darüber hinaus gibt es Feng Shui-Maße, die für den Erfolgsorientierten ein Anhaltspunkt sein sollten.

Ihre Wirbelsäule freut sich und der Kopf bleibt frei:

- Telefonieren Sie öfter im Stehen.

- Erledigen Sie einige Arbeiten am Stehpult.

- Wechseln Sie hin und wieder auf einen Pezziball(stuhl).

- Halten Sie Meetings öfter am Stehtisch ab.

Eine Übung für die Balance von Wasser-Energie:
Sie sitzen auf dem Boden und strecken Ihre Beine aus. Beugen Sie sich nun nach vorn mit gestreckten Knien und erfassen Sie Ihre Zehen.

Atmen Sie ruhig zweimal ein und aus, und entspannen Sie sich dann wieder. Schütteln Sie die Beine aus, und beginnen Sie von vorn. Achtung, bei bereits geschädigten Bandscheiben ist diese Übung nicht anzuraten.

Wer außerhalb der Übungen noch etwas für seine Karriere-Energie tun möchte, braucht Wasseranwendungen. Schon Dr. Siegmund Han (1664-1742) hat als Begründer der Wassertherapie seinen Patienten äußerliche Anwendungen in Form von Bädern, Duschen, Teil- oder Ganzwaschungen verordnet und obendrein noch Wasser als Heilmittel zum Trinken empfohlen. Zirka zwei Liter Wasser am Tag sind gut für den Stuhlgang, die Haut und das Wohlgefühl.
Ihr Wohlgefühl ist spürbar:

- Übersäuerung, Sodbrennen und Aufstoßen werden verhindert.
- Das Nervensystem wird aktiviert und ist weniger stressanfällig.
- Die Konzentration nimmt zu.
- Die Leistungsfähigkeit steigt.
- Giftstoffe werden ausgeschwemmt.

Was damals galt, ist heute immer noch modern und zeitgemäß. Sogar Vinzenz Prießnitz (1799-1851), ein schlesischer Bauer, hat durch Beobachtungen der Natur auf die Heilkräfte des Wassers aufmerksam gemacht. Immer wieder stellte er fest, dass Wasser die Abwehrkräfte fördert und als Wickel angewandt zur Entgiftung des Körpers beitragen könnte. Deshalb gönnen Sie sich doch von Zeit zu Zeit eine schöne Kur, oder besuchen Sie Thermalquellen. Für den „Kick" zwischendurch ist das Wassertreten nach Sebastian Kneipp (1821-1879) anzuraten. Was Sie dafür benötigen, ist herzlich wenig: Kaltes Wasser in eine Schüssel geben und heißes in die Badewanne oder Dusche einlassen. So können Sie jetzt im Wechsel kalt und warm die Füße baden und regen so nicht nur den Stoffwechsel an, sondern auch den Kreislauf.

Zusätzlich können Sie für Ihre Gesundheit einige Verjüngungsübungen in Ihr morgendliches oder Zwischendurch-Programm integrieren. Dazu sollten die Übung zur *Rückkehr des Frühlings* und das *Schulterkreisen* und *Schulteröffnen* gehören.

Die Räume

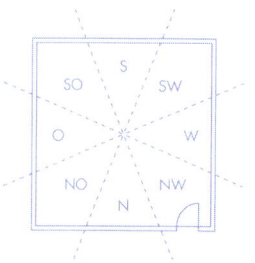

Im nördlichen Teil Ihrer Räume ist der Bereich *der Karriere* – Kan. Sind dort die Eingangstüren, ist es sehr wirkungsvoll, die Eingänge, insbesondere auch hinter den Türen frei zu halten, um der Karriere-Energie vollen Eintritt zu verschaffen. Das betrifft alle Türen, in erster Linie Ihre Haupteingangstüren wie auch Ihre Bürotüren oder Türen zu Kantinen und Abstellbereichen.

Die Asiaten sagen, dass es in diesem Sektor des Unternehmens am förderlichsten ist, eine Tür oder einen breiten, gut beleuchteten und geschwungenen Weg zu haben. Alles das begünstigt die Erfolge.

Messen Sie die Eingangstüren aus und vergleichen Sie die gefundene Maße mit der Feng Shui-Maß-Bedeutung. In einem Großteil der Fälle werden Türen, die das Maß des Verlustes im Bereich der Karriere aufzeigen, das Geschäftsunternehmen dahingehend beeinflussen, dass die Geschäfte innerhalb kurzer Zeit zu stagnieren beginnen.

Es gibt Maße, die Reichtum, Krankheit, Trennung und Verluste sowie Verletzungen bringen. Andere Maße hingegen begünstigen gutes Gelingen, Kraft, Kapital und Reichtum. Messen Sie in erster Linie die Haupteingangstür und Ihren Schreibtisch aus. Der Erfolg und die Gesundheit vieler bekannter Menschen auf der ganzen Welt ist zu einem Teil auf die günstigen Feng Shui-Maße zurückzuführen. Das kleinste gute Maß ist 5,37 Zentimeter. Davon ausgehend sind achtmal (acht ist die Glückszahl der Chinesen!) 5,37 Zentimeter gleich 42,96 Zentimeter. Das Lieblingsmaß der Feng Shui-Experten für ihre Aktenkoffer!

Nehmen Sie sich einen Zollstock, ein Linieal oder Feng Shui-Maßband, welches eine spezielle Maßeinteilung nach günstigen und ungünstigen Maßen besitzt, zu Hilfe.

Messen Sie sodann die Schreibtischplatte in Breite und Tiefe, das lichte Türmaß und jedes Möbel, die Aktentasche oder Ihr Briefpapier und die Schreibtischutensilien. Was auch immer Sie messen, sollte harmonische Maße besitzen.

Auch unser Körper hat ein Maßsystem. Es beruht auf der Maßeinheit „Cun" und entspricht dem goldenen Schnitt, der die Beziehung zweier Längen zueinander harmonisch abstimmt. So empfindet man ein Verhältnis von 3 zu 5 oder 5 zu 8 Einheiten als harmonisch, stimmig.

Der jahrtausende alte Wissenschatz von Feng Shui beruht auf der Erfahrung, dass die Seele für das Wohlbefinden ganz bestimmte Maße der Schönheit und Harmonie um sich herum benötigt. Alles, was den Menschen umgibt, ist in einem bestimmten Verhältnis zueinander zu sehen, hat

Messen Sie das Fensterglas

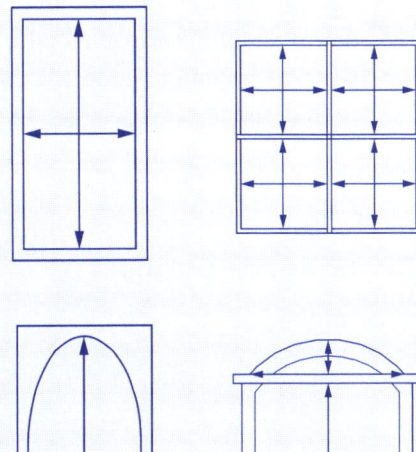

Messen Sie das lichte Türmaß

So messen Sie Richtig

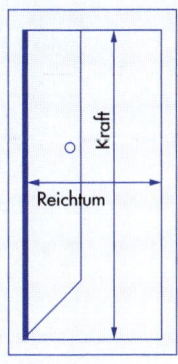

Kraftvoller Reichtum (89 x 197 cm)

mehr oder weniger günstige Proportionen und wirkt so auf die Seele als harmonisch oder unharmonisch. Wenn wir optimale Feng Shui-Maße verwenden, so gelingt es mehr und mehr, bestimmte Schwingungen der lebensförderlichen Energien in das Leben zu integrieren, die zu Gesundheit, Glück, Reichtum, Kraft und Erfolg führen.

Im Folgenden finden Sie die Erfolgs-Maße auch für den Aktenkoffer, Ihre Schreibunterlagen und -utensilien oder Visitenkarten. Die Außenmaße sind entscheidend!

Bereich	von cm		bis cm	Bereich	von cm		bis cm
Reichtum	0,00 cm	-	5,37 cm	Reichtum	128,89 cm	-	134,25 cm
Krankheit	5,38 cm	-	10,74 cm	Krankheit	134,26 cm	-	139,62 cm
Trennung	10,75 cm	-	16,11 cm	Trennung	139,63 cm	-	144,99 cm
gutes Gelingen	16,12 cm	-	21,48 cm	gutes Gelingen	145,00 cm	-	150,36 cm
Kraft	21,49 cm	-	26,85 cm	Kraft	150,37 cm	-	155,73 cm
Verlust	26,86 cm	-	32,22 cm	Verlust	155,74 cm	-	161,10 cm
Verletzung	32,23 cm	-	37,59 cm	Verletzung	161,11 cm	-	166,47 cm
Kapital	37,60 cm	-	42,96 cm	Kapital	166,48 cm	-	171,84 cm
Reichtum	42,97 cm	-	48,33 cm	Reichtum	171,85 cm	-	177,21 cm
Krankheit	48,34 cm	-	53,70 cm	Krankheit	177,22 cm	-	182,58 cm
Trennung	53,71 cm	-	59,07 cm	Trennung	182,59 cm	-	187,95 cm
gutes Gelingen	59,08 cm	-	64,44 cm	gutes Gelingen	187,96 cm	-	193,32 cm
Kraft	64,45 cm	-	69,81 cm	Kraft	193,33 cm	-	298,69 cm
Verlust	69,82 cm	-	75,18 cm	Verlust	198,70 cm	-	204,06 cm
Verletzung	75,19 cm	-	80,55 cm	Verletzung	204,07 cm	-	209,43 cm
Kapital	80,56 cm	-	85,92 cm	Kapital	209,44 cm	-	214,80 cm
Reichtum	85,93cm	-	91,29 cm	Reichtum	214,81 cm	-	220,17 cm
Krankheit	91,30 cm	-	96,66 cm	Krankheit	220,18 cm	-	225,54 cm
Trennung	96,67 cm	-	102,03 cm	Trennung	225,55 cm	-	230,91 cm
gutes Gelingen	102,04 cm	-	107,40 cm	gutes Gelingen	230,92 cm	-	236,28 cm
Kraft	107,41 cm	-	112,77 cm	Kraft	236,29 cm	-	241,65 cm
Verlust	112,78 cm	-	118,14 cm	Verlust	241,66 cm	-	247,02 cm
Verletzung	118,15 cm	-	123,51 cm	Verletzung	247,03 cm	-	252,39 cm
Kapital	123,52 cm	-	128,88 cm	Kapital	252,40 cm	-	257,76 cm

Maße des Reichtums: 0,1 cm bis 5,37 cm

Da das Maß des Reichtums noch einmal in drei Unterabschnitte aufgeteilt ist, können Sie die genauere Bedeutung des Reichtum-Maßes differenziert entnehmen. Ob Sie den „kommenden Reichtum" anstreben, die „Schatzkiste" bevorzugen oder die „sechs Harmonien" anstreben, entscheiden Sie selbst.

- von 0,1 cm bis 1,3 cm: Reichtum kommt
- von 1,3 cm bis 2,7 cm: Schatzkiste
- von 2,7 cm bis 4,1 cm: sechs Harmonien

Maße des guten Gelingens: 16,12 bis 21,48 cm

Im Bereich des „Guten Gelingens" wählen Sie zwischen den Untermaßen: „Profitables Einkommen", „Talentierte Nachkommen", „Viel Glück und Wohlstand" und „Lebensmittelreichtum". Je nachdem, was Sie zu erreichen wünschen, umgeben Sie sich mit diesen Maßen.

- von 17,5 cm bis 18,8 cm: profitables Einkommen
- von 18,8 cm bis 20,cm: talentierte Nachkommen
- von 20,1 cm bis 21,48 cm: viel Glück und Wohlstand
- von 21,5 cm bis 22,8 cm: Lebensmittelreichtum

Maße der beruflichen Kraft: 21,49 cm bis 26,85 cm

Wenn Sie die Maße der beruflichen Kraft wünschen, so wählen Sie zwischen den Untermaßen: „Nebeneinkommen und Lotterieglück", „Verbessertes Einkommen", „Wohlstand, Macht und große Ehre".

- von 22,8 cm bis 24,2 cm: Nebeneinkommen, Lotterieglück
- von 24,2 cm bis 25,5 cm: verbessertes Einkommen
- von 25,5 cm bis 26,8 cm: Wohlstand, Macht und große Ehre

Maße des Kapitals: 37,60 cm bis 42,96 cm

- Entscheiden Sie selbst, welches der Untermaße für Sie wichtig ist: „Reichtum kommt", „Berufliche Beförderung, hohes Einkommen", „Viel Schmuck und Reichtum", „Alles wird zu Gold".

- von 37,6 cm bis 38,9 cm: Reichtum kommt
- von 39,1 cm bis 40,3 cm: berufliche Beförderung, hohes Einkommen
- von 40,3 bis 41,7 cm: viel Schmuck und Reichtum
- von 41,7 cm bis 42,8 cm: alles wird zu Gold

Vermeiden Sie folgende Maße:

- Krankheit: 5,38 cm bis 10,74 cm
- Trennung: 10,75 cm bis 16,11 cm
- Verlust: von 26,86 cm bis 32,22
- Verletzung: von 32,23 cm bis 37,59 cm

Von jedem Maß, das größer ist als 43 cm ziehen Sie so lange diese Zahl ab, bis Sie eine kleinste Einheit haben. Zum Beispiel ziehen Sie bei einer Schreibtischlänge von 92 cm so oft, nämlich zweimal 43 cm ab, bis Sie einen Rest von 6 cm übrig behalten. Die Bedeutung lesen Sie dann unter der Spalte von 5,38 cm bis 10,74 cm ab. Das Ergebnis wäre „*Krankheit*", das Maß, das die Energie Ihrer Arbeitsleistung senken würde.

Das Logo auf der Fußmatte tritt man mit den Füßen

Die Stellung des Unternehmens sowie die Position der einzelnen Firmenmitglieder hängt auch von den Maßen der Tür im Verhältnis zu den Fenstern des Gebäudes ab. Da die Tür Yang-Energie bedeutet und mit männlichen Attributen assoziiert wird, würde eine übermäßig große Tür die männlichen Mitarbeiter nicht nur fördern, sondern im Verhältnis zu den weiblichen Firmenmitgliedern ein Ungleichgewicht hervorrufen. Sollten Sie spüren, dass die Frauen der Firma sich wenig motiviert fühlen und darüber hinaus das Gefühl der Unterdrückung durch ihre männlichen Mitarbeiter haben, dann ist gewiss das Verhältnis der Tür zu den Fenstern eine der Ursachen. Quietschende Türen im Karriere-Bereich können außerdem zu Zwistigkeiten innerhalb des Unternehmens führen. Gehen die Türen zu schwer auf, wie es beispielsweise in einigen Hotels der Fall ist, dann kommt der Kunde, oder hier der zukünftige Hotelgast, auch schwer in das Gebäude hinein. Feng Shui meint, dass der Mensch am liebsten den einfachsten Weg geht und den Widerstand möglichst vermeidet und so intuitiv das Hotel nicht gern wieder aufsucht. Gerade der Karriere-Bereich wird häufig mit Fußabtreter-Matten versehen, da sich hier in der Regel die oben beschriebenen Türen befinden. Das Logo der Firma sollten Sie mit Gewissheit nicht auf der Matte sichtbar haben, denn sonst würde die Firma mit den Füßen getreten werden, und es könnte zu Kompetenzstreitigkeiten innerhalb der Firma kommen. Welche Maßnahme Sie für den Karrierebereich Ihres Unternehmens wählen, hängt wieder mit Ihrem persönlichen Geschmack, der Art Ihrer Firma und der Himmelsrichtung ab. Der sicherlich wichtigste Punkt im Bereich der Karriere ist der Einsatz von Wasser in der Nähe der Tür. Stellen Sie am besten fließendes Wasser rechts neben Ihren Eingang, um dem „Drachen", wie es in der Feng Shui-Sprache heißt, Nahrung anzubieten – weshalb er dann die Geschicke der Firma unterstützen wird. Im Inneren können es auch Zimmerbrunnen, sprudelnde Licht-/Wassersäulen oder Aquarien sein.

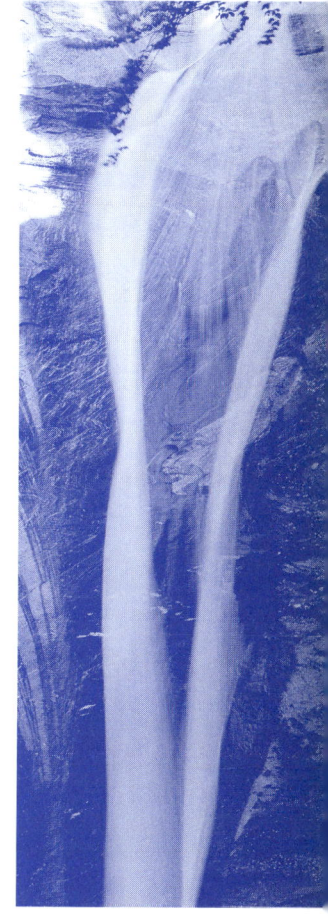

Gestalten Sie den Haupteingang magnetisch, charismatisch, einmalig. Platzieren Sie Pflanzen zu beiden Seiten der Tür und Wasser auf der rechten Seite des Eingangsbereiches. Die Asiaten bevorzugen im Eingangsbereich Wasserfontänen, Springbrunnen. Je höher die Fontäne ist, umso mehr Geld wird aus unerwarteten Quellen fließen. Hongkongs Wirtschaft ist ein gutes Beispiel für das Funktionieren dieses Prinzips. Besonders die Banken, Kauf- und Bürohäuser wenden es an.

115

Quitschende Türen stehen für Zwistigkeiten

Der charismatische Eingang führt zu hoher Anziehungskraft

Achten Sie darauf, dass die Türen nicht quietschen oder klemmen und ganz aufgehen. Im Entrée kann auf der Fußbodenmatte eindeutig das Firmenlogo erkennbar sein. Dem Blick vom Eingang ins Innere sollte etwas Schönes geboten werden, sodass der Betrachter eingeladen wird einzutreten und näher hinzuschauen.

Wie muss eine Tür gestaltet sein, damit sie in dieser schnelllebigen Welt leicht als solche erkennbar ist?

Wie nimmt man Notiz von ihr? Feng Shui macht darauf aufmerksam, was man über Türen wissen sollte, um gut gehende Geschäfte zu haben:

- Am besten liegt die Eingangstür auf der rechten Seite (von außen betrachtet) der Eingangsfront.

- Das Geschäft sollte sich möglichst auf *eine* Eingangstür beschränken. So ist der Kunde nicht verwirrt und geht zielgerichtet durch die richtige Tür.

- Die Tür sollte nicht auf einen Lift, eine Ecke, eine Treppe, schon gar nicht auf eine nach unten gehende Treppe, einen Spiegel, eine zweite Tür oder eine Toilette zugehen.

- Im Restaurant darf sie niemals auf die Küchentür weisen.

- Sie sollte mindestens genauso groß sein wie eine gegenüberliegende Tür. Ist das nicht der Fall, dann sollte man sie optisch durch Pflanzen oder Reklameschilder vergrößern.

Licht

Viel Licht von oben und auch Licht im Boden eingelassen, das säulenartig nach oben strahlt, verbessert in der Regel mit sofortiger Wirkung den Karriere-Bereich. Ein eindeutiges Firmenschild in der richtigen Höhe angebracht, sodass es der Betrachter auch entdecken kann, und freundliche Fußbodenbeläge verbessern nicht nur die Karriere-Aussichten eines Unternehmens, sondern wirken sehr einladend.

Wasser und finanzielle Angelegenheiten

Um dem Bereich der Karriere eine zusätzliche Energie zu geben, ist Wasser eine hervorragende Energieform.

Banken, Versicherungen, Exportfirmen, Frachtbetriebe, die Reiseindustrie, die Filmbranche und Wechselstuben haben in starkem Maße mit Geldfluss zu tun. Dieser wird im Feng Shui-Denken mit fließendem Wasser gleich gesetzt: Es fließt und sammelt sich hier und da. Symbolisch werden die Farben Blau und Schwarz dem Wasser zugeordnet. Wenn Sie erfolgreich agieren wollen, sollten die Farben Schwarz und Blau auch im Firmenlogo vorkommen. Insbesondere die nördliche Ecke des Ladens oder Büros sollte hell erleuchtet werden, das Licht selbst weich sein. Da Metall das Wasser hervorbringt, ist es günstig, ein Klangspiel oder Metallgegenstände im Norden zu positionieren.

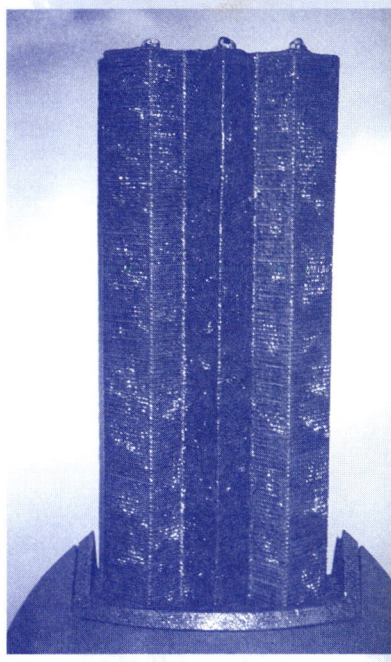

Im Nordbereich Ihres Business sind Wasser, blaue Farben und glänzende Materialien besonders angezeigt. Achten Sie darauf, dass das Wasser nicht überdimensional im Verhältnis zum Raum vorhanden ist oder umgekehrt. Denn ein Zuviel an Wasser bedeutet zu viel Aktivität, was auch

Springbrunnen stehen für Geldfluss

zu einer hektischen Atmosphäre beitragen könnte. Eher runde, blaue Kugeln, über die das Wasser plätschert, Metallobjekte mit sanftem Wasserlauf oder Aquarien sind für das Unternehmen ein Segen. Auch einzelne Schalen auf den Tisch gestellt mit Wasser und Blüten können zu einer angenehmen Arbeitsatmosphäre genauso beitragen wie zu einem guten Verkauf. Achten Sie nur darauf, dass das Wasser immer sauber ist, so werden Sie auch ein gutes Raumklima haben und beugen Erkältungskrankheiten vor.

Im asiatischen Bereich bevorzugt man hier Aquarien mit acht roten und einem schwarzen Goldfisch oder Arowana-Fischen, die mit ihrer Farbenpracht für Reichtum stehen.

Das Aquarium ist im Feng Shui ein gutes Mittel, um Chi, Lebensenergie, anzuziehen. Es ist eine kosmische Einheit in sich, denn Steine, Wasser, Pflanzen, Fische und Sauerstoff ergeben zusammen die Einheit der fünf Elemente.

Ein Aquarium kann ungünstige Einflüsse absorbieren und Glück und Wohlstand anziehen. Das Wasser steht für den Fluss des Geldes wie des Lebens. Die Fische symbolisieren Reichtum, Wachstum und Glück. Nehmen Sie acht rote Fische, dann vermehren Sie das Glück. Fisch wird wie Yi ausgesprochen und bedeutet Überfluss. Nehmen Sie dazu noch einen schwarzen Fisch, so ist die Kraft des Yang, der roten Fische, balanciert mit Yin, dem schwarzen Fisch. Das sind zusammen neun Fische. Neun ist die Zahl des kommenden Zeitalters im Feng Shui, das 2023 beginnt. Die Neun ist zudem die Zahl der Vollendung und des langen Lebens. Deshalb sind neun Fische acht Fischen vorzuziehen. Sollte Ihr Aquarium groß genug sein und es möglich sein, die Relation der Fische beizubehalten, so können Sie auch ein Vielfaches von acht oder neun Fischen verwenden. Natürlich können Sie auch andersfarbige Fische nehmen. Gelbe, orangene und rote Fische zusammen ergeben auch ein gutes Feng Shui. Die Steine symbolisieren Erde und Yin, gleichen so das Yang des Wassers und der Fische wie das des Sauerstoffsprudels aus. Das Beste ist, Sie stellen das Aquarium an eine feste Wand und nicht ans Fenster oder in Kaminnähe.

Die besten Aquariummaße in Höhe, Tiefe und Breite sind:

- 59,5 bis 60 cm
- 81 bis 91 cm
- 103 bis 112 cm
- 125 bis 135 cm
- 146 bis 155 cm

- Stimmen alle drei Maße in günstigen Bereichen überein, so haben Sie einen Schritt mehr zu Harmonie im Inneren getan.

- Wählen Sie am besten eine achteckige Form, um das Feng Shui des Aquariums noch einmal zu verbessern. Möglich sind aber auch quadratische und rechteckige Formen.

- Auch Bilder mit Goldfischen ziehen das Glück an. Das können auch Muster in der Tapete sein oder im Fußbodenbelag.

- Sollten Sie in Ihrem Büro in diesem Bereich blaue oder schwarze Aktenrücken haben oder schwarze Füllfederhalter, Tische oder Regale, so ist das der Karriere-Energie von *Kan* förderlich. Hängen Sie dort ruhig auch Orden und Urkunden auf.

- Auf alle Fälle aber sollten Sie alles entfernen, was gebrochen ist. Vermeiden Sie Terrakotta, Sand, Ziegel oder Ton. Förderlich im Zyklus der Fünf Elemente ist Metall in Form von glänzenden Materialien oder Metallgegenständen.

Fazit:
Bringen Sie Wasser, Fische, Metall, blaue Farben oder Meeresmuster ein, um den Erfolg zu steigern.

Entfernen Sie alles im Bereich *Kan*, dem Norden, was nicht den ästhetischen Sinn anspricht, kantig, rot, nicht wohlriechend oder gar zu dunkel ist. Schaffen Sie eine willkommene, einladende Atmosphäre. Das bringt Sie auf Ihrem persönlichen Weg des Erfolges weiter nach oben.

Die Farben

Der berühmte dunkelblaue Anzug und das Kostüm sind heute noch „in". Warum ist das so? Blau vermittelt Treue, Hingabe, Ergebenheit, Kühle und Vertrauen. Menschen, die Blau tragen, werden als pünktlich eingestuft, mutig, leistungsorientiert, klug, konzentriert und präzise. Alles Eigenschaften, die im Business gefragt sind. Die blaue Handtasche wird noch eher als ein blauer Koffer gekauft, da man bei Koffern lieber zeitlose Farben bevorzugt und bei Handtaschen mit der Mode geht.

Je tiefer das Blau wird, umso mehr wirkt es nach innen. Dann macht es in der größten Hektik ruhig und weckt die guten Eigenschaften wie Zuhören, Verinnerlichen, Konzentrieren, Helfen und die Aufmerksamkeit.

Wenn Sie Blau für Ihre Werbeprodukte verwenden, so sollten Sie wissen, dass kreative Ideen, die ins Auge springen, mit Blau auch ins rechte Licht gerückt werden, wie zum Beispiel das Kamel in Jeanshosen in der Werbung. Natürliche Produkte wie Schafwolle stehen in starkem Kontrast zu Blau. In Verbindung mit der Schafwolle wirkt aber auch künstliches Blau natürlich.

Blau rückt kreative Ideen ins Licht

Hellblau weitet enge Räume und den Horizont

Blauschwarz ist die Farbe des Wassers und wird bei den Chinesen mit Geldverdienen in Verbindung gebracht.

Blau symbolisiert Ruhe, Treue, Frieden und Stille. Blau verpflichtet auch zur Hingabe und Keuschheit. Je heller das Blau in seiner Farbnuancierung ist, umso mehr Fernweh vermittelt es. Gerade Hellblau befreit, erweitert und lässt im wahrsten Sinne des Wortes den Menschen durchatmen. Je dunkler das Blau durch die Zugabe von Schwarz wird, desto passiver, statischer und drückender wird es. Für Tobsüchtige soll es in Psychiatrien die so genannten „Blauzimmer" geben, in denen sie sich austoben können. Denn Blau macht auch wieder kooperativ und fügsam.

Die Farbe Blau wird vom Mond bestimmt und ist in ihrer Qualität Yin. Die weiblich intuitive Seite von Blau und ihre Verbindung zum Element Wasser bedingen, dass sie sich hervorragend als Meditationsfarbe eignet. In der chinesischen Tradition wird nicht Blau, sondern Schwarz an ihrer Stelle verwendet. Schwarz bedeutet nicht nur Winter, Wasser und Weisheit, sondern auch Laster und Adel dritten Grades. Alte Quellen berichten auch, dass Blau nicht nur die Farbe des Mondes, der Weiblichkeit und der Nacht ist, sondern auch die Farbe des Prinzen ersten Grades.

Blau ist die Farbe des Nordens, der Dunkelheit, der Nacht. Deshalb eignet sie sich auch sehr gut für Bars, Diskotheken und Abendlokale, aber auch für Meditationsräume und Fischhändler. In der Firma können auch Ruheräume in dieser Farbe gestrichen werden. In Osträumen als Fußbodenbelag wirkt Blau sehr harmonisch. Natürlich bestimmt die Art des Business in erster Linie die Farbe. Deshalb nimmt man auch für Schiffswerften blaue Kräne und Zubringer.

Da Blau eine Yin-Farbe ist, darf sie nicht übermäßig angewendet werden. Nicht nur, weil die Körpertemperatur mit ihr sinkt, sondern auch, weil sie für das Business, das Yang-Energien benötigt, nur als Komplementärfarbe eingesetzt werden sollte.

Der Grundsatz im Business lautet für Farben: Zwei Drittel Yang-farben (warme Farben), ein Drittel Yin-Farben (kühle Farben), wobei dieser Grundsatz aufgehoben werden kann, wenn die Funktion des Business eindeutig nach Blau verlangt wie vielleicht eine Geschenkboutique auf der Nordseeinsel Sylt.

Schmale Räume können mit hellem Blau um ein Viertel erweitert werden! Enge Flure eignen sich deshalb am besten für diese Farbe. Kommt zum hellen Blau noch der gekonnte Einsatz von Spiegeln hinzu, ist für Ihre Geschäftspartner beim nächsten Besuch Ihr Business nicht wieder zu erkennen.

Zeigt die Geschäftseingangstür nach Norden, so kann sie Schwarz oder Blau gestrichen werden, um einen erfolgreichen Eingang zu kreieren.

Blau auf einen Blick:

Himmel, Stille, Ruhe, Kühle, Zuverlässigkeit, Friede, Hingabe, Passivität, Selbstlosigkeit, Gewicht, Materie, Standhaftigkeit, Entspannung.

Erfolg durch

Kun

Beziehungen zu Kollegen und Menschen,
mit denen wir in Beziehung stehen, sind immer wie ein Spiegel,
der unsere eigenen Überzeugungen reflektiert.
Gleichzeitig sind wir selbst Spiegel,
die die Überzeugungen anderer reflektieren.

So ist die zwischenmenschliche Beziehung
eines der wirkungsvollsten Hilfsmittel für persönliches Wachstum.
Wenn wir unsere Beziehungen ehrlich anschauen,
können wir viel darüber erfahren, wie und womit
wir sie gestaltet haben.

Shakti Gawain

Erfolg durch Zusammenarbeit und Diplomatie

123

Bedeutung von Kun

- **Ehe und Partnerschaft**
- **Empfangen und Aufnehmen**
- **Kultivierung**
- **Nähren**
- **Anpassung**
- **bedingungslose Akzeptanz**
- **mütterliche Fürsorge**

Kun symbolisiert das Empfangende, die bedingungslose Liebe, Anpassung, Kultivierung, Akzeptanz und Loyalität sowie ein gutes Miteinander innerhalb der Firma. Will man seine brillanten Ideen in die Tat umsetzen, so braucht man Leute, die Berge versetzen können. Der Plan ist nur so gut wie seine Ausführung. Deshalb braucht man Partner an seiner Seite, die Ideen realisieren. Das kann eine Partnerschaft mit einer anderen Firma sein. Dass diese Partnerschaft möglichst harmonisch laufen soll, ist klar. Reibungen werden aufgrund der Unterschiedlichkeiten nicht immer vermeidbar sein. Wichtig ist jedoch: Man muss seinen Partner gut behandeln, ihn ernst nehmen und bereit sein, ihm zuzuhören und nachzugeben, wo es nötig sein sollte. Deshalb ist *Kun* so wichtig. Manche sind nur garstig, weil sie gerade Streit mit ihrem Liebsten oder mit der Liebsten zu Hause haben. Deshalb spielt die Privatsphäre keine untergeordnete Rolle. Wie im Privatleben, so sind auch die firmeninternen Beziehungen zu Kollegen und Mitarbeitern eine Hürde auf dem Weg zum Erfolg. Wie behandeln Sie andere und wie fühlen Sie sich selbst von ihnen behandelt?

Kun ist der Gedanken-Raum der firmeninternen Beziehungen

Er ist insbesondere für das Gleichgewicht der Firma zuständig. Wie die Gesundheit der einzelnen Mitglieder der Firma und auch ihr persönliches Verhältnis untereinander ist, wird sich in diesem Bereich widerspiegeln. Zwischenmenschliche Beziehungen sind immer ein schwieriger Balance-Akt, und damit dieser gelingt, sollten Sie besonders Festigkeit, Stabilität und Rückzugsmöglichkeiten in diesem Bereich bieten. Wenn man sich hier entspannen kann, sich gesund ernähren und regenerieren kann, so ist der erste Schritt zu einem guten Bagua-Bereich getan. Damit wird das Unternehmen genügend Unterstützung für seine Firmenmitglieder und Tochterunternehmen erlangen.

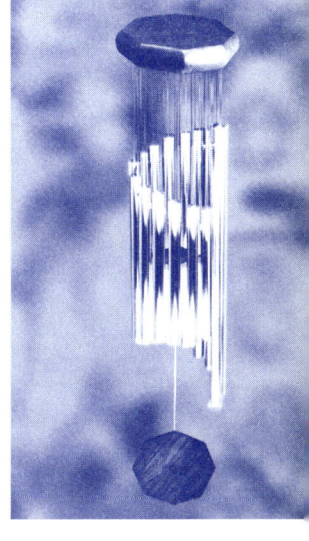

Entspannung sorgt für mehr Power-Reserven

Jegliche Unordnung, jeglicher Schmutz und Räume, die entweder gar nicht möbliert oder vollgestellt sind, behindern die firmeninternen Angelegenheiten. Wenn Sie in diesem Bereich tatsächlich einen Abstellraum benötigen, sollten Sie mit Lüftungsschlitzen arbeiten, ihn sauber und aufgeräumt halten und mit Lichtkontakten und einem Klangspiel ausstatten. Das Klangspiel wird dafür sorgen, dass durch den Luftzug bei jedem Öffnen der Tür der Bereich in energetische Bewegung versetzt wird. Dadurch wird ein Ausgleich geschaffen, um Missverständnisse in der Firma von vornherein zu eliminieren, und die Voraussetzung zu bieten, trotz relativer Stagnation das Gedeihen der Firma zu fördern.

Stellen Sie sich nachfolgende Fragen, um im Bereich von Kun Wachstum zu schaffen, die zwischenmenschlichen Beziehungen zu klären und Erfolg zu kreieren.

- Bin ich bereit, dem Geschäftspartner zu verzeihen?

- Ist für mich Perfektion unumgänglich?

- Arbeiten ich nach dem Gesetz des Gleichgewichts und weiß ich, dass alles, was sich im Gleichgewicht befindet, auch Erfolg nach sich zieht?

- Opfere ich mich für andere auf?

- Halte ich meine Arbeitsstätte in Ordnung? Das ist die Grundvoraussetzung für Klarheit im Miteinander.

- Der Tonfall spielt die Musik. Bin ich mir dessen bewusst?

- Spreche ich mit begeisternden und aufmunternden Worten?

- Mache ich den ersten Schritt der Freundlichkeit?
  Seien Sie gewiss, dass wir alle für Gefühlsschwankungen empfänglich sind, diese aber nicht allzu ernst nehmen sollten.

- Suche ich möglichst Kontakt zu frohen, erfolgreichen und optimistischen Mitmenschen? Ihr Verhalten anzunehmen ist segensreich.

- Kleine Geschenke erhalten die Freundschaft. Überrasche ich ab und an meine Mitarbeiter, Mit-Firmeninhaber oder meinen Lebenspartner mit einem kleinen Geschenk?

- Wie positiv ist meine Einstellung zur gesunden Ernährung?

Tragen Sie die Antworten in den Antwortbogen von Seite 161 ein, und prüfen Sie diese drei Monate später.

Ihr persönlicher Bezug zu Kun

Wenn Sie:	1926	1962
	1935	1971
	1944	1980
	1953	1989

geboren sind, dann ist Kun Ihr Jahreselement.

Ihre freundliche Natur und liebenswerte Art kommen gut an. Wenngleich Ihre Haltung eher als konservativ zu bezeichnen ist, haben Sie Ihre besonderen Qualitäten im Bereich des Co-operators. Sie unterstützen gern andere und können darin völlig aufgehen. Zuweilen bleiben Sie gern im Hintergrund und freuen sich über Ihre Erfolge aus zweiter Reihe. Manche legen Ihnen Ihre Bescheidenheit als Ausdruck innerer Schwäche und einem Mangel an Selbstvertrauen aus.

Das kann Sie aber nicht erschüttern, denn Sie sind sich der Hilfen gerade von Älteren oder Vorgesetzten gewiss. Haben Sie es doch schon von Kindesbeinen an verstanden, sich mit Höhergestellten und Älteren zu verbünden. Ganz in Ihrer Aufgabe aufzugehen, ist Ihre Natur. Man muss Sie nur gewinnen, und Sie werden Ihr Bestes geben. Da Ihnen Harmonie möglicherweise über alles geht, wäre es nicht günstig, die Initiative zu ergreifen. Wenn es aber darum geht, sich für einen Vorschlag einzusetzen oder ihn abzulehnen, dann sollte man Sie fragen, und Sie werden alle Register für eine Beantwortung heranziehen.

Am besten schenkt man Ihnen Nützliches für den Alltag und Pflanzen, die Ihrer Pflege bedürfen.

Ihre Affirmation für Ihren Erfolg

**Ich glaube an die Zukunft und vertraue darauf.
Ich bin ruhig, gelassen und voll Frieden.
Unterstützung wird mir jederzeit zuteil.**

Viele Menschen arbeiten heute schon von zu Hause aus, auch zusammen mit dem *Partner*. Andere teilen sich in der Firma einen Arbeitsbereich. Das bedeutet im günstigsten Fall, dass man gemeinsam an einem Strang zieht. Mitunter können geschäftliche und private Einflüsse ineinander fließen und sich gegenseitig beeinflussen. Das sollte in positiver Weise geschehen.

Der Speisetipp

Die emotionale Körpermitte, Ruhe und Gelassenheit zeigen sich in einem guten Verhältnis zum Element Erde. Menschen mit überschüssigen Magenenergien entwickeln gewöhnlich einen gewaltigen Ehrgeiz, denken viel und entwickeln einen überaus großen Lebenshunger. Sie sind entweder von überströmender Herzlichkeit oder eher lieblos und kalt. Sie fühlen sich mitunter wie in einem ständigen Lebenskampf, ohne sich jemals am Ziel zu sehen. Hirse, Roggen, Hafer, Süßreis, Mais, Polenta und geröstete Haferflocken sind die stärksten Regenerierer. Lassen Sie möglichst den Zucker und das Weißmehl weg, und ersetzen Sie in der Übergangszeit die Heißhungerphasen auf Süßes durch Trockenobst, Müsli-Riegel und später durch den morgendlichen Getreidebrei. Kochen Sie in salzlosem Wasser Polenta oder Hirse. Geben Sie nach Belieben einige Zutaten wie Obst, eventuell Ahornsirup, Nüsse, Rosinen o.ä. hinzu. Sie können täglich ein anderes Korn nehmen und nach Lust und Laune mal mit Birnen, mal mit Äpfeln oder Zimt den Brei variieren. Es kostet Sie kaum Zeit, und Sie sind satt bis zum Mittag. Sie fühlen sich gut versorgt und können auch einen noch so anstrengenden Vormittag gut überstehen.

Getreide bindet die Schadstoffe, führt toxische Ablagerungen aus dem Organismus der Ausscheidung zu und versorgt den Körper mit Mineralien, die der Ablagerung von Cholesterin an den Gefäßwänden entgegen wirken. Und last but not least: Die Mineralstoffe sorgen für gutes Denkvermögen und einen hohen „Gute-Laune-Faktor".

Darf ich Sie nachfolgend zu einer Teekur einladen? Wenn Sie mit einer speziellen Teekur das Element Erde ausbalancieren wollen, so empfehle ich Ihnen den Kun-Tee.

Das Frühstück ist ein wahrer Muntermacher

Mais gibt Ruhe

128

Der Diplomatentee Kun

160 Gramm Anis
 60 Gramm Melisse

Mischen Sie die Kräuter der Tee-Kur zusammen, kochen Sie einen Esslöffel Kräuter pro Liter Wasser auf, und lassen Sie diesen Tee fünf Minuten ziehen. Dann seien Sie ihn ab und trinken ihn schlückchenweise über den Tag verteilt. Am besten nehmen Sie sich eine Kanne Tee ins Büro mit.

Die Gesundheit

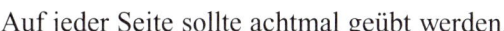

Zum Element Erde und dem Bereich Kun gehören die Organe und Meridiane Magen und Milz-Pankreas. Sie können aus dem Bereich der Verjüngungsübungen insbesondere das *„Erdenkreisen"* und das *„Pumpen des Yin"* in Ihr tägliches Programm aufnehmen. Wir wiederholen sie noch einmal:

Erdenkreisen: Stellen Sie die Füße schulterbreit auseinander. Dann beginnen Sie mit der linken Seite, indem Sie einen Schritt nach links unternehmen, ziehen Sie dazu zunächst die Fußspitzen nach oben, Bein heben und links abstellen. Der rechte Fuß dreht sich, in Blickrichtung der Zehen, ebenfalls nach links. Beugen Sie nun die Arme in Brusthöhe an, und richten Sie die Ellenbogen nach außen. Drehen Sie die Handinnenflächen zum Boden. Formen Sie nun einen liegenden Kreis, indem Sie sich mit dem Körper nach links bewegen und die Arme dabei ausstrecken, wieder anziehen und an der rechten Körperseite vorbei gleiten lassen. Wenn Sie wieder in Brusthöhe ankommen, dann ist der Kreis vollendet. Bewegen Sie den ganzen Körper so, als ob Sie einen großen horizontalen Kreis, der in Taillenhöhe vor Ihnen liegt, nachfahren wollten. Wechseln Sie ab, indem Sie einmal den Kreis zur rechten Seite fahren und einmal zur linken.

Auf jeder Seite sollte achtmal geübt werden.

Mit dieser Bewegung nehmen Sie die Energie der Erde in sich auf.

Pumpen des Ying: Stehen Sie mit beiden Füßen zusammen, und stemmen Sie die Hände in die Hüften. Konzentrieren Sie Ihren Blick geradeaus, in die Ferne. Verlagern Sie Ihr Gewicht nach vorn, in die Knie, heben Sie die Fersen und wieder zurück. Achten Sie darauf, dass sich bei dieser Übung die Knie berühren.

Heben und senken Sie die Fersen achtmal.

Der Raum

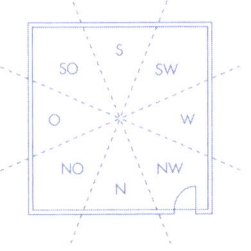

Gestalten Sie den Bereich der guten Zusammenarbeit – Kun – erdig. Dazu gehören Terrakottafarben und -figuren. Farben wie Gelb, Orange oder Creme-weiß erhöhen im Südwesten der Firma oder des Büros das Potential der produktiven Zusammenarbeit. Bilder mit dem Thema der Länder-Partnerschaft, Flaggen oder Bilder von Menschen, die sich die Hände reichen, sind hier willkommen.

Vermeiden Sie ein Zuviel an Grün, und setzen Sie lieber auf den aufbauenden Zyklus. Verwenden Sie wie oben beschrieben Licht und Rot zur Energieanregung.

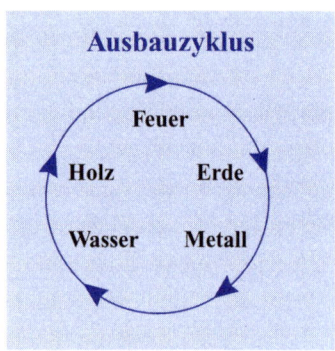

Die Farben

Gelb lässt Sie strahlen. Es vermittelt Heiterkeit, Freude und Wärme. Kühle Räume sollten ein warmes Gelb bekommen.

Im Business wird kaum Gelb getragen, weil es mit Aufdringlichkeit und Frechheit assoziiert werden kann. Wer Goldgelb trägt, wird aber als sonnig, heiter und gesellig gesehen. Geht das Gelb in den Rot-Ton über, so kommen Fröhlichkeit und Zufriedenheit dem Gegenüber entgegen. In einer Studie der Experimentellen Psychologie heißt es, dass Hoffnungsvolle Gelb bevorzugen und enttäuschte und traurige Menschen eher graue und schwarze Töne.

Gelb ist die Farbe der Erde, des Kaisers und wird in kaiserlichen Palästen oft durch Gold ersetzt. Gelb ist die Farbe des Zukünftigen, der Sehnsucht und der Extravertiertheit. Dunkles Gelb kann Intoleranz fördern, wohingegen helleres Gelb der Weisheit förderlich ist.

Die Farbe Gelb ist beweglich und heiter. Gelb vertreibt Müdigkeit und Arbeitsunlust, macht fröhlich und geistig rege. Gelb ist quirlig und sehr anregend für Nerven und Gemüt. Die Farbe Gelb gehört seit altersher zur Erdmitte, genauso wie sie im Körper dem Solarplexus zugeordnet ist.

Gelb und Gold waren vor 5000 Jahren nicht immer gleichbedeutend. Heute wird oft Gelb statt Gold eingesetzt. Zur Zeit der Pharaonen in Ägypten war es genau umgekehrt. Denn der Glanz des Goldes, seine Spiegelung wie seine Reflexion galten als heilig. Die Farbe Gelb hingegen ist nur noch ein Abglanz des so mächtigen Goldes. Der Sonnengott Re spiegelt sich im Gold, nicht aber im Gelb. Die chinesische Tradition sieht im Gelb die Farbe der Erde. So ist diese Farbe auch dem Element Erde zugeordnet, der Erde, die der Kaiser regierte und beherrschte. Im chinesischen Verständnis ist Gelb die Farbe aller Herrschenden. Deshalb findet man sie auch in chinesischen Teppichen. Überall, wo Denkaufgaben zu lösen sind, ist diese Farbe gut geeignet – beispielsweise in Klassenzimmern, Arbeitsräumen und Verwaltungsgebäuden. Zudem stimmt Gelb fröhlich und löst von Lethargie und Traurigkeit.

Gelb stärkt die Ichbezogenheit, ist arbeitsanregend und die Farbe der Mitte und Harmonie

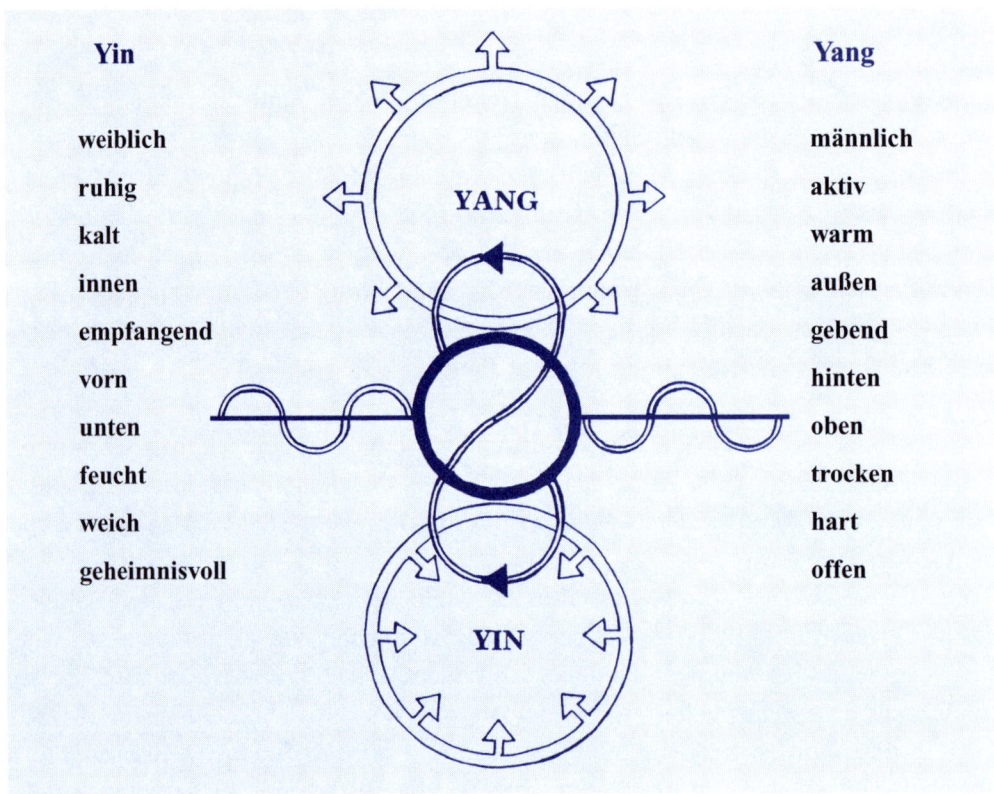

Yin		Yang
weiblich		männlich
ruhig	YANG	aktiv
kalt		warm
innen		außen
empfangend		gebend
vorn		hinten
unten		oben
feucht		trocken
weich		hart
geheimnisvoll	YIN	offen

Gelb ist die Farbe des Elementes Erde und eignet sich für südwestwärts gelegene Räume. Das helle Gelb erinnert an hell glänzendes Gold und die Mittagssonne. Die Gedanken hellen sich auf und klären sich. So eignet sich diese Farbe sehr gut für Arbeitsräume.

Gelbtöne können auch in den Räumen verwendet werden, wo man sie zum Aufhellen des Gemütes benötigt, weil die Räume vielleicht sehr dunkel liegen. Hohe Bäume vor den Fenstern und die Souterainlage unterliegen sehr stark der Yin-Wirkung. Das helle Gelb ist eine Yangfarbe. Ein guter Ausgleich für die dunklen Räume. Aber auch in Räumen gegenüber von Friedhöfen ist es günstig, Gelb dem Sha-Einfluss entgegenzusetzen. Gelb ist Licht, Sonne und Freude und deshalb ein willkommenes Feng Shui Mittel, um Yang-Energien zu produzieren. Mit anderen Worten: Ist es Ihr Anliegen, mehr Umsatz zu machen, dann muss auch Ihr Laden sehr hell und freundlich sein, damit potentielle Käufer den Weg zu Ihnen finden.

Gelbtöne eignen sich besonders für Erd- und Metallgeborene.
Sollte die Hauseingangstür nach Südwesten zeigen, so ist es von Vorteil, sie gelb zu streichen.

Gelb auf einen Blick:

Kommunikation, Heiterkeit, Erde, Ruhe, Toleranz, Geduld

Wenn Sie in punkto Zusammenarbeit einen Schritt weiter sind, dann lassen Sie uns die Erfolgsstrategie Chen anschauen. Mit Chen erwachsen Motivation und Autorität, um erfolgreich zu agieren.

Erfolg durch
Chen

Das Leben birgt in Fülle das Neue und quillt über davon. Aber man muss das Alte ausräumen, um dem eindringenden Neuen Platz zu machen.

Eileen Caddy

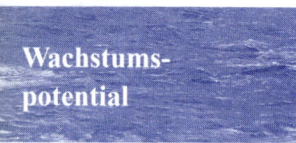

Bedeutung von Chen:

- **Vorstand**
- **Familie**
- **Motivation**
- **Dynamik**
- **Wachstumspotential**
- **Regeneration**
- **Kompetenzen übernehmen**
- **Autorität**
- **Verantwortung**
- **Optimismus**
- **Respekt**

Hier geht es um das Wachstum der Firma, das Nutzen des vorhandenen Potentials und um Einigkeit mit Vorgesetzten und das Erkennen des richtigen Zeitpunktes zur Expansion.

Betriebe, die mit der Holzverarbeitung zu tun haben, Gärtnereien und die Möbelindustrie sollten Pflanzen im Osten der Firma aufstellen. Diese Himmelsrichtungen entsprechen dem Holz – *Chen*. Die Kraft und Klarheit in *Chen*, die die Firmenleitung inne haben sollte, ist förderlich für das Ansehen der Firma.

Chen lässt sich vergleichen mit dem wachsenden Baum, der sich mit den Jahreszeiten zu verhalten und die Kraft des Bodens und der Sonne zu nutzen weiß. Im Frühling schießen die Wachstumskräfte in ihn ein, und die Handlung steht vor dem Denken: Handeln aus dem Gefühl der Richtigkeit heraus.

Es geht darum, Strategien festzulegen und das Ziel nicht aus dem Auge zu lassen. Sind Sie sicher, dass dies der richtige Zeitpunkt des Handelns ist?

Sind Ihre Motive und Absichten im Einklang mit den universellen Gesetzmäßigkeiten? Dann ist jetzt die richtige Zeit, um zu Handeln.

Stellen Sie sich die nachfolgenden Fragen, um den nächsten Schritt zu Ihrem persönlichen Erfolg zu gehen.

- Ist es die richtige Zeit, um dynamische Energien zu entwickeln?

- Was ist die Absicht meines Handelns?

- Was erwarte ich? Wenn wir etwas erwarten, was dann auch eintritt, nehmen wir es ganz natürlich hin, anstatt uns zu freuen oder gar zu bedanken.

- Bin ich bereit, Erwartungen zurückzuschrauben?

- Habe ich genügend Kompetenz auf meinem Gebiet?

- Rengeneriere ich mich von Zeit zu Zeit?

- Gehe ich respektvoll mit anderen um?

- Bin ich bereit Verantwortung zu übernehmen?

- Kenne ich meine Potentiale?

Tragen Sie die Antworten in den Antwortbogen von Seite 161 ein, und prüfen Sie diese drei Monate später.

Ihre Affirmation für Ihren Erfolg

Licht und liebevolle Gedanken durchfließen mich jetzt und hier.
Ich bin dankbar für alles, was geschieht.
Freudig löse ich mich von meiner Vergangenheit
und schaffe Raum für Veränderungen.
Ich bin eins mit dem Universum und dem Fluss des Lebens.
Ich glaube an meine Zukunft und vertraue darauf.
Ich wende mich anderen versöhnlich zu.

Wenn wir das tun, dann sind auch Ärger, Wut und Enttäuschung geringer.

Sie sind das Ergebnis von Erbe und Erziehung. In *Chen* wird das Erbe Ihres Daseins sichtbar. Wie ist das Verhältnis zu Ihren Vorgesetzten? Wie das zu Ihren Eltern? Schauen Sie sich den Sektor *Chen* genauer an und erkennen Sie, ob dort hohe Schränke die Energie blockieren oder scharfkantige, schneidende Gegenstände ruhen oder unerledigte Arbeit auf Sie wartet. Das alles kann dazu führen, dass Ihr Geschäft nicht expandiert oder das Verhältnis zu Vorgesetzten weniger günstig ist.

Am besten Sie beginnen, in diesen Bereich Klarheit zu bringen, schaffen Ordnung, stellen frische Pflanzen auf, eine Wasserschale, Zimmerbrunnen oder ein Aquarium. Auch Bilder von Pflanzen in Verbindung mit Wasser sind in diesem Bereich Generator für ein ungehindertes Wachstum der Firma. Aber auch Bilder mit Frühlingsstimmungen, lindgrüne Farben und eine gute Beleuchtung tragen zu Reichtum und Gedeihen bei. Denn wenn Sie zunächst einmal Klarheit und Unterstützung im Umgang mit Ihren Vorgesetzten oder Firmengründern gefunden haben, wird sich der Segen für den Reichtum einstellen.

Es ist in dem einen oder anderen Fall von großem Nutzen, mit kleinen Geschenken von Bambuspflanzen oder Bildern aufzuwarten. Üben Sie Vergeben und Verzeihen, und setzen Sie sich voll für andere ein. Zum Beispiel, wenn der Firmengründer Ihr Vater ist, und Sie sich mehr um ihn kümmern oder sich mit ihm grundsätzlich versöhnen sollten.

Im Falle der Firma kann es Ihnen von großem Nutzen sein, Ihrem Vorgesetzten den einen oder anderen Gefallen zu erweisen und auch Ihre Loyalität unter Beweis zu stellen.

Eine gute Erfolgsübung im Sektor von Chen ist folgende: Überraschen Sie sich doch einmal mit Handlungen, die man von Ihnen nicht erwartet Sie aber selbst wachsen lassen.

Der Speisetipp

Zuviel Fett, Cholesterin und Alkohol führen nicht zur Ausgeglichenheit. Vollkorngetreide, Hülsenfrüchte und Gemüse sind neben Fisch und Algen sehr empfehlenswert, um die seelisch-geistige Balance und körperliche Fitness zu erhalten.

Zu viel Fett, Cholesterin und Alkohol sind auch wenig förderlich für die Energie der Leber und Gallenblase. In erster Linie ist es wichtig, die Säurebilder wegzulassen.

Die Säurebilder

Das sind in erster Linie Zucker, Weißmehl, Wurst, Schokolade, Käse, Spargel, Rosenkohl, Erdnüsse, Fleisch, Alkohol, Bohnenkaffee, Schwarztee und gehärtete und raffinierte Fette.

Bonbons, die Saürebilder

Die Ernährung ist die Ausgangsbasis für einen guten Säure-Basen-Haushalt des Körpers. Denn alle Funktionen des Körpers werden von sehr präzise arbeitenden Regulationsmechanismen im Organismus gesteuert. Der Körper versucht oft, durch alle ihm zur Verfügung stehenden Mittel gegen den Säure-Überschuss zu kämpfen. Er benötigt dazu in erster Linie Mineralstoffe. Denn Säuren würden die Gefäßwände zerfressen und die Harnsäurekristalle sich an den Wänden der Gefäße ablagern. Sind aber zu wenig Mineralstoffe im Angebot des Blutes, dann wird zunächst Kalzium aus den Zähnen gezogen. Das führt in der Folge zu Karies, und Osteoporose kann im schlimmsten Fall folgen. Aber nicht nur Kalzium, es sind auch Stoffe wie Magnesium, Zink und Phosphor, die abgebaut werden.

Deshalb gilt in erster Linie:
Säurebilder meiden und die Kost auf mineralhaltige, basische Nahrungsmittel umstellen.

Die Basenbilder für ausgeglichene Naturen

Basisch wirken:
Gemüse, Äpfel, Birnen, Möhren, Süßkartoffeln, Erdbeeren, Wassermelonen und Trauben.

Essen Sie Gemüse, Hülsenfrüchte, Meerespflanzen und Fisch. So werden Sie sich emotional stabilisieren und mit Ihren Vorgesetzten gut verstehen und erfolgreich Handeln können.

Wenn Sie sich zudem einen schönen Tee brauen möchten, der die Gesundheit fördert, dann empfehle ich Ihnen eine Teekur mit dem Chen-Tee.

Der Gesundheitstee Chen

  70 Gramm Enzian
100 Gramm Anis
160 Gramm Rosmarin
  40 Gramm Brennessel
100 Gramm Löwenzahn

Mischen Sie die Kräuter der Tee-Kur zusammen, kochen Sie einen Esslöffel Kräuter pro Liter Wasser auf und lassen Sie diesen Tee fünf Minuten ziehen. Dann seien Sie ihn ab und trinken ihn schlückchenweise über den Tag verteilt. Am besten nehmen Sie sich eine Kanne Tee ins Büro mit.

Die Gesundheit

Zum Element Holz gehören die Organe und Meridiane Leber und Gallenblase. Menschen mit einer geringen Gallenenergie leiden in der Regel unter schlechter Verdauung, Durchfällen, Schlaflosigkeit und Schwindelanfällen. Die Augen sind trüb, die Haut blass, und es besteht die Neigung zu Wutanfällen und unterdrücktem Zorn. Oft sind diese Personen angespannt und unentschlossen. Ihre Träume gleichen Seifenblasen; noch ehe sie sie voll aufgeblasen haben, sind sie zerplatzt.

Der Choleriker ist meist nur ein „saurer Mensch"

Anders ist es bei denjenigen, die einen Überschuss von Gallenenergie haben. Sie planen sehr viel und leiden häufig unter Appetitlosigkeit. Bei Süßem sagen sie nicht Nein. Das bringt zu viel Säuren in den Körper und lässt sie so leichter „sauer werden". Im Betrieb neigen sie dazu, sich zuviel Arbeit aufzubürden und übernehmen eine Menge Verantwortung. Jeder Kleinigkeit schenken sie ihre ungeteilte Aufmerksamkeit, regen sich unnötig schnell auf und verlieren durch Ungeduld und ständige Hetze oft ihre innere Balance. Zorn, Verbitterung und Wut können die Folgen sein.

Übungen, die das Chi bewahren können sind die Verjüngungsübungen *„Der Vogel-Rock fliegt"* und *„Drei hohe Sterne"*.

Der Vogel-Rock fliegt: Lächeln Sie. Stehen Sie mit den Füßen schulterbreit auseinander. Entspannen Sie sich. Verlagern Sie das Gewicht zur rechten Seite, und halten Sie den rechten Arm höher als den linken, so, als ob Sie einen Ball zwischen den Händen hielten. Schauen Sie über die Schulter zur linken Seite. Bewegen Sie den zwischen Ihren Händen gedachten Ball vor dem Körper, in U-Form, nach links, und verlagern Sie dabei das Körpergewicht auf die linke Hüftseite. Einmal ist die linke Hand, auf der linken Seite, oben und die rechte Hand, wenn Sie den Ball auf der rechten Seite halten. Schauen Sie über die rechte Schulter, und beginnen Sie von Neuem. Jede Seite achtmal.

Drei hohe Sterne: Stellen Sie die Füße parallel zusammen, und lassen Sie die Arme neben dem Körper hängen. Atmen Sie ein und ziehen Sie die Arme langsam, scheinbar bleischwer, mit den Fingerspitzen zum Boden herabhängend, hoch zum Kopf. Drehen Sie die Handflächen über dem Kopf himmelwärts, die Fingerspitzen zeigen zueinander, die Ellenbogen nach außen, und verharren Sie einen Moment lang in dieser Atempause. Bewegen Sie dann die Arme mit der Ausatmung wieder zurück.

Wiederholen Sie die Übung achtmal und beschließen Sie den Übungskomplex, indem Sie sich verbeugen.

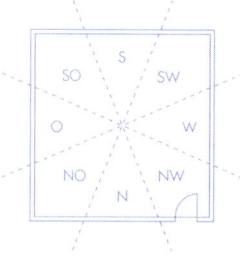

Der Raum

Das Holz wird mit Wachstum, Neubeginn und Regeneration in Verbindung gebracht. Seine Form ist hoch aufragend. Bäume und Pflanzen repräsentieren Chen.

Wenn Sie die Farbe Grün, Pflanzen oder Frühlingsbilder im Osten oder Südosten aufhängen, werden Sie im Privaten die Unterstützung Ihrer Familie und im beruflichen Sinne die Ihrer Vorgesetzten leichter gewinnen.

Sie fördern Ihre persönlichen Wachstumspotentiale und erhalten sich Ihre Gesundheit.

Deshalb sehen Sie nachfolgend einige nützliche Pflanzen, die Sie fördern.

142

Pflanzen für gute Raumatmosphäre

- Flamingoblume bringt mit ihren großen Blättern die Möglichkeit, dass sich besonders kopfbetonte Menschen eher ganzheitlich wahrnehmen.

- Der Zierspargel hilft mit seiner Energieform blockierte Strukturen aufzulösen und eignet sich besonders für Büros und überall dort, wo die Dinge im Fluss sein müssen.

- Der Zimmerbambus steht für Flexibilität und Durchhaltevermögen.

- Die Begonie bringt gute Laune in den Raum.

- Die Pantoffelblume bringt Leichtigkeit und Beschwingtheit mit sich.

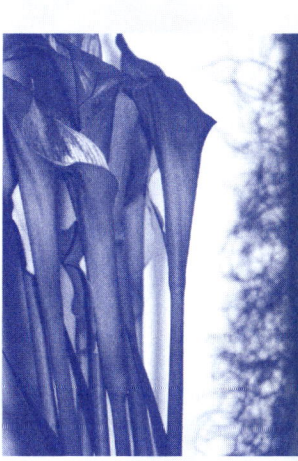

- Die Kamelie ist für stille Räume besonders geeignet. Sie sollte immer von der gleichen Person gepflegt werden, da sie mimosengleich ist.

- Die Leuchterblume schenkt Leichtigkeit und Freude an der Arbeit.

- Die Grünlinie gibt selbst in festgefahrenen Situationen neuen Auftrieb.

- Der Zimmerwein eignet sich für Routinearbeiten und um bei unentschlossenen Mitarbeitern ihre Potentiale zu wecken.

- Das Orangenbäumchen tut gut im Bereich der Ängste und Blockaden. Es hilft, die Atmung zu vertiefen und die Ängste abzuschwächen.

- Das Alpenveilchen tröstet selbst da, wo man sich nicht geliebt glaubt und gibt im Büro eine Atmosphäre von Geborgenheit.

- Der Dukaten- oder Geldbaum verbessert im Südosten oder Osten aufgestellt den Reichtum und das Glück in finanziellen Angelegenheiten.

- Das Zyperngras wirkt der Hektik im Büro entgegen.

- Die Diefenbachie brauchen alle Kopfarbeiter, insbesondere die, die sich stark konzentrieren müssen.

- Die Efeutute hilft Schadstoffe abzubauen und ist deshalb ein guter „Reinigungsarbeiter" für alle Büroräume.

- Die Birkenfeige ist für introvertierte Menschen besonders geeignet und sollte nicht in der Nähe von Denkern stehen, da ihre Energie zu unruhig ist.

- Die Gardenie schenkt Freude und Optimismus.

- Efeu wirkt belebend und regt zu kreativen Ideen an, ermuntert und stimmt positiv.

- Die Wachsblume hilft, zur Realität zurückzukehren.

- Jasmin vertreibt üble Gedanken und wirkt anregend und freudig auf die Raumatmosphäre.

- Der Bubikopf ist da besonders angebracht, wo viel Elektrosmog ist.

Da wir auf einer Frequenz von zirka 10 Herz mit den Pflanzen auf einer Wellenlänge schwingen, ist es nicht verwunderlich, dass wenn man sich mit ihnen unterhält, sie besser gedeihen. Andererseits nehmen sie Schadstoffe aus der Luft auf und können die Atmosphäre anregen, beruhigen und harmonisieren. Pflanzen werden auf Störplätzen der Erde und kosmischen Gitternetzkreuzungspunkten schneller verwelken. Dort, wo die Pflanzen nicht lange gedeihen können, dort ist auch kein guter Platz für den Menschen. Deshalb beobachten Sie die Pflanzen im Raum!

Um Gesundheit und Wohlbefinden anzuziehen ist es günstig, wenn Sie im Osten Ihres Büros oder Zuhauses grüne Pflanzen aufstellen. Grün und Holz bedeuten Wachstum, Genesung und Veränderung. Wer krank ist, benötigt einen Prozess der Änderung seines Denkens und seiner Gewohnheiten. Pflegen Sie die Pflanzen besonders gut. Sprechen Sie mit ihnen! Gießen und düngen Sie sie genauso gut wie Sie sie vom Staub befreien, ihnen gute Luft und Licht angedeihen lassen. Stirbt die Pflanze, so hat sie möglicherweise einen Teil Ihrer Krankheiten und Gewohnheiten aufgenommen. Danken Sie ihr und ersetzen Sie sie durch eine neue Pflanze.

Wasser im Osten sollte bewegt, am besten sprudelnd sein. Je klarer das Wasser, umso klarer die Gedanken und umso gesünder der Organismus. Auch Bilder von Wasserfällen oder klaren Seen wären hier angebracht. Natürlich sollten nur Bilder mit Sonnenaufgängen oder aufbauendem Charakter hier zu finden sein.

Schaffen Sie geistig die Grundlage für den gesundheitsfördernden Energiestrom. Dazu benötigen Sie die Kraft der Vergebung. Schaffen Sie ein Vakuum, indem Sie Ihre Einstellungen zu Menschen und Dingen überprüfen. Hegen Sie jemandem gegenüber Groll oder Ablehnung? Ärgern Sie sich immer noch? Gibt es eine Situation, die Ihnen heute noch, wenn Sie daran denken, den Magen zuschnürt, die Kehle trocken und die Hände feucht werden lässt? Dann sollten Sie den Weg des Verzeihens gehen. Sich selbst und anderen verzeihen, schafft Platz für neue Lebensenergie. Das ist genauso, als ob Sie einen Schrank voller unmoderner, zu enger und von den Motten zerfressener Kleidung besäßen und Sie diese nun einmal zunächst ausrangieren müssen, bevor Sie neue Kleidung kaufen.

Achten Sie auch darauf, dass sich hier keine spitzen Gegenstände und geheimen Pfeile, eventuell auch von außen, befinden.

Bringen Sie Obst und Blumen in den Osten, so werden die Beziehungen innerhalb der Firmenliga einen unterstützenden Part des Gedeihens erhalten.

Achtung!

Im Osten sollten keine fauligen Dinge liegen, kein abgestandenes Wasser sich befinden und auch keine Bücher von und über Krankheiten. Bilder mit unvollständigen Figuren, die fehlerhafte Gliedmaßen haben oder Ähnliches, sollten Sie ebenfalls meiden. Fehlen ihnen Teile, so reflektieren Sie möglicherweise Krankheiten. Vermeiden Sie hier Unrat und Schmutz, kaputte Gegenstände und scharfe Kanten.

Farben

Die grüne Farbe eignet sich besonders für Räume, die nach Osten zeigen. Grün steht für Wachstum. Lindgrün und Hellgrün eignen sich für alle Computerräume, weil diese Farben sehr beruhigend für die Augen sind. Auch alle Gemüsehändler, Holzhandlungen und Buchhandlungen werden unterstützt von Grün- und Blautönen.

Wenn sich Ihre Geschäftseingangstür im Osten befindet, dann sollten Sie diese grün streichen.

Grün auf einen Blick:

Farbe der Frische, des kollektiven Denkens, der Gesundheit und des Wachstums

Lassen Sie uns nun den Bereich Chen verlassen und wohl gestärkt dem Bereich Sun entgegen gehen. Was bedeutet Reichtum für Sie? Setzen wir uns anschließend mit diesem Part, des Gewinnens im Leben, in Verbindung.

Erfolg durch
Sun

Wenn du weißt, was du haben willst,
dann erlange es.

Gita Bellin

Bedeutung von Sun:

- **Erbschaft**
- **geistiger Reichtum**
- **materieller Reichtum**
- **Segen**
- **Umsetzung**
- **Geschicklichkeit**
- **Entwicklung**

Der Bereich von *Sun* wird mit Reichtum und göttlichem Segen gleichgesetzt. Da *Sun* dem Bereich *Chien* gegenüber steht, ist der Geldfluss mit Hilfe und Unterstützung der Mitmenschen untrennbar verbunden. Das Gesetz von Ursache und Wirkung kommt hier zum Tragen. Reichtum und Segen fließen wie eine sanfte Brise, die geistige Kraft und Fähigkeiten wachsen lässt. Das Kapital ist ebenso im Fluss und folgt wie von selbst nach.

Sun ist vergleichbar mit dem Bild eines Goldregens, der als Segen ausgeschüttet wird. Man hat es sich wohl verdient und genießt nun seine Bemühungen.

Um sich *Sun* zu nähern, fragen wir uns:

- Fühle ich mich ungerecht behandelt?

- Steht der finanzielle Erfolg in Übereinkunft mit meinen Bemühungen?

- Bin ich ehrlich zu mir selbst?

- Habe ich mir ein Ziel gesetzt, wieviel ich im Jahr und Monat verdienen möchte?

- Weiß ich, wo genau ich finanziell stehe?

- Denke ich mich bereits reich?

- Habe ich genügend Raum gelassen, um auf meine innere Stimme zu hören?

- Spende ich einen Teil meines angehäuften Kapitals?

Tragen Sie die Antworten in den Antwortbogen von Seite 161 ein, und prüfen Sie diese drei Monate später.

Lassen Sie uns zum vielfältigen Wesen von *Sun* übergehen. Geld ist ein Werkzeug, das das Leben leichter macht. Ist das zunächst verstanden, dann ist die Grundlage vieler Unstimmigkeiten beseitigt. Sie benötigen beispielsweise Geld, um ein vortreffliches Essen mit Ihrem Geschäftspartner auszurichten, das Sie weiterbringt. Wussten Sie übrigens, dass gerade der gemeinsame Geschmack in der Restaurantauswahl und die Vorliebe für eine bestimmte Essensrichtung für Ihre Geschäftsabschlüsse beste Voraussetzungen bieten? Um natürlich durchschlagenden Erfolg zu haben, sollten Sie Folgendes wissen: Lunch sollte niemals bei Ihnen zu Hause stattfinden. Das ausgesuchte Restaurant muss modern, die Gäste dort gewichtig sein. Am besten ist die gehobene Bistro-Küche, die sich aus kulinarischen Genüssen internationaler Ebene zusammensetzt. Die Gäste sind in der Regel experimentierfreudig und zunehmend international. Wenn Sie guten Wein bestellen, so lassen Sie etwas übrig, das gilt nicht nur als feiner, es ist auch gut im kosmischen Sinn, der Erde wieder etwas zurückzugeben. Übrigens ist es vornehm geworden, Mineralwasser ohne Kohlensäure zu bestellen und warmes Essen. Letzteres symbolisiert nämlich emotionale Wärme.

Geld ist außerdem ein guter Diener, aber sicher ein weniger guter Meister

Geld kann also vielfältige Zwecke erfüllen. Warum sind dann nur so viele Menschen ihm gegenüber so abweisend? André Kostolany beispielsweise hat mit seinem Buch „Die Kunst über Geld nachzudenken" sicher wieder einen lesenswerten Erfolgshit dazu auf den Markt gebracht.

Geldvermögen ist wie eine Ware und muss sorgfältig geplant werden. Am besten fangen Sie in der Kindheit an und überprüfen die Ihnen eingeimpften Vorstellungen

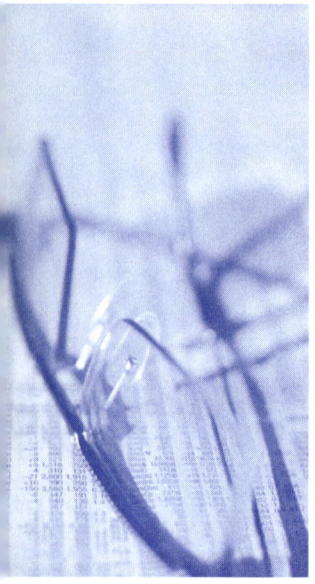

und Glaubenssätze über das Thema. So kann genügend Energie frei werden, und der himmlische Segen wird sich über Ihnen ausschütten, und Ihre Wünsche werden in Erfüllung gehen. Das heißt nicht, dass Sie nicht auch wirklich rackern dürfen. Aber Sie werden mit Freude und Spaß an der Sache wirken, und Geld wird die natürliche Folge sein. Es fließt Ihnen in dem Maße zu, wie Sie sich vorstellen können, es zu besitzen. Und es hat eine zeitliche Komponente. Alles kommt zu seiner Zeit. Deshalb nicht verzweifeln, wenn einmal etwas nicht auf Anhieb klappt. Die Firma Coca-Cola ging auch erst einmal Pleite, bevor sie weltberühmt wurde!

Der nächstwichtige Part im Bereich *Sun* ist, anderen ihren Reichtum zu gönnen. Hupen Sie doch einmal, wenn ein Oldtimer oder ein Rolls-Royce an Ihnen vorbei fährt. Winken Sie dem Insassen freudig zu und zeigen Sie ihm, dass Sie das Auto toll finden. Je mehr Sie anderen gönnen und sich mit ihnen freuen, um so mehr wird Ihnen selbst zufließen.

Zum einen sollten Sie Ersparnisse anlegen, andererseits aber sich entscheiden, was Sie mit dem Geld tun möchten. Auf diese Weise fließt es nach. Haben Sie sich erst einmal entschieden, für was und wieviel Geld Sie benötigen, so werden alle Anstrengungen darauf verwendet werden, dieses Ziel zu erreichen. Neue Kräfte und Fähigkeiten werden frei. Nehmen Sie sich also genügend Zeit, um zu definieren, was Sie wirklich möchten, so werden Sie entdecken, dass sich auch Ihre Feng Shui-Maßnahmen als wunderbar hilfreich bei der Erlangung des Zieles darstellen. Der Geld-Trainer Bodo Schäfer sagt „Reichtum und Persönlichkeitsentwicklung müssen immer parallel verlaufen". Er meint, dass es wichtig sei, seine Bequemlichkeitszonen zu verlassen und Probleme als Chancen wahrzunehmen. In erster Linie sind zur Erreichung der finanziellen Ziele drei Schritte notwendig:

1. Ich muss es ändern.
2. Es muss sich ändern.
3. Ich kann es verändern!

Was auch immer Sie sich im Einklang mit Ihren Mitmenschen vornehmen, wird Ihnen auch finanziell gelingen. Denn Geld muss fließen. Wenn wir im Wohlstand leben wollen, so müssen wir uns immer wieder bewusst werden, dass oft wir selbst es sind, die sich Grenzen setzen durch negative Gedanken. Ersetzen wir diese durch positive Affirmationen und Glaubenssätze, so wird das Ergebnis unseres Handelns im Einklang mit unseren Reichtumswünschen sein. In der Regel liegt das innere Geheimnis des Reichtums, wie Marc Fischer in seinem gleichnamigen Buch beschreibt, darin, zu bitten, sodass gegeben werde. Tatsächlich ist in der Vielzahl der Fälle hauptsächlich die *Bitte* vergessen worden. Manchmal sind Menschen in der besten Lage, zu Reichtum zu gelangen, erkennen aber nicht die Chance zum richtigen Zeitpunkt. Obwohl gerade der Fokus auf die lieben Mitmenschen ausgerichtet werden sollte. Dort sitzen mehr Möglichkeiten als Sie denken, wenn Sie nur einmal ein Wort, eine Bitte äußern. Oft haben gerade spirituelle Menschen ein gestörtes Verhältnis zu Geld. Sie glauben, dass die Balance von Materialismus und Spiritualität nicht zu erreichen ist. Das eine schließt für sie das andere mehr oder weniger aus. Nicht jeder braucht viel Geld.

Geld ist gepräkte Freiheit

Lady Di beispielsweise brauchte sicher eine Menge, dennoch gab sie für sich persönlich nicht gern Geld aus. Aber es machte ihr Spaß, Bekannte und Freunde mit Geschenken zu überraschen. Fjodor Dostojevskij sagte einmal „Geld ist geprägte Freiheit". Wenn wir es so sehen, ist Geld ein wichtiges Mittel.

Öffnen Sie Ihre Sinne!
Wenden Sie häufig folgende positive Affirmation an: Ich bitte um den reichen Segen von Glück, Erfolg und gutem Gelingen, um im Einklang mit meinen Mitmenschen meine Fähigkeiten und Talente für meine Ziele konzentriert einsetzen zu können. Danke.

Schreiben Sie sich auf, was Sie und wieviel Sie in welchem Zeitraum erreichen wollen.

Im nächsten Schritt schreiben Sie auf, wieviel Sie im Monat brauchen – für das Private wie für das geschäftliche gute (Über-) Leben.

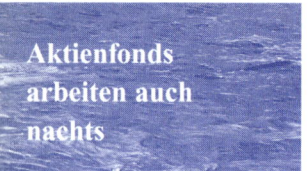

Sparen Sie dann mindestens achtmal so viel Geld, so schnell als möglich, um in Krisenzeiten zu überleben.

Legen Sie dann die Hälfte in Ihren Tresor, die andere Hälfte lassen Sie in Aktienfonds für sich arbeiten. Nehmen Sie sich am besten für diese letztere Entscheidung einen Finanz-Coach, der mindestens zehnmal so viel verdient wie Sie selbst, mindestens aber eine Million Mark besitzt. (Spitzensportler brauchen bekanntermaßen ja auch einen Coach!)

Egal, was Sie beschließen zu tun, tun Sie es in den nächsten zwei Tagen, nachdem Sie dieses Buch gelesen haben, sonst verschwenden Sie die aktivierte Energie und beginnen möglicherweise überhaupt nicht.

Der Speisetipp

Wie bei *Chen* stehen auch bei *Sun*, welches mit dem Element des Holzes verbunden ist, die Ernährung und Bewegung im Vordergrund.

Zu viel Fett, Cholesterin und Alkohol führen nicht zur Ausgeglichenheit. Vollkorngetreide, Hülsenfrüchte und Gemüse sind neben Fisch und Algen sehr empfehlenswert, um die seelisch-geistige Balance und körperliche Fitness zu erhalten.
Zu viel Fett, Cholesterin und Alkohol sind auch wenig förderlich für die Energie der Leber und Gallenblase. In erster Linie ist es wichtig, die Säurebilder wegzulassen.

Wenn Sie sich zudem einen schönen Tee brauen möchten, der die Gesundheit fördert, dann empfehle ich Ihnen eine Teekur mit dem Sun-Tee.

Der Reichtumstee Sun

160 Gramm Rosmarin
 40 Gramm Brennnessel
100 Gramm Löwenzahn

Mischen Sie die Kräuter der Tee-Kur zusammen, kochen Sie einen Esslöffel Kräuter pro Liter Wasser auf, und lassen Sie diesen Tee fünf Minuten ziehen. Dann seien Sie ihn ab und trinken ihn schlückchenweise über den Tag verteilt. Am besten nehmen Sie sich eine Kanne Tee ins Büro mit.

Die Gesundheit

Zum Element Holz gehören die Organe und Meridiane Leber und Gallenblase. Menschen mit einer geringen Leberenergie leiden in der Regel unter schlechter Verdauung, erscheinen inkonsequent und nervös. Es besteht auch hier wie bei *Chen* die Neigung zu Wutanfällen und unterdrücktem Zorn. Oft sind diese Personen angespannt und unentschlossen. Die „workaholics" sind hier meist zu finden. Sie leiden eher an einem Überschuss an Leberenergie und trinken viel, insbesondere Alkohol. Eigensinnig, wie sie sein können, und zu Wutausbrüchen neigend, fehlten ihnen lediglich gute Ernährung, Bewegung und frische Luft.

Auch sie leiden unter Übersäuerung und essen viel zu viel an Säurebildern (siehe Kapitel Chen). Säuren lassen im Überschuss auch die Psyche des Menschen nicht verschont. Wir reagieren sauer. Ungeduld und Termindruck sind keine guten Partner und führen in der Regel zu ernsthaften Erkrankungen, Zorn, Verbitterung und Wut.

Deshalb beginnen Sie heute mit den Verjüngungsübungen, indem Sie alle im Buch erwähnten Übungen täglich einmal durchgehen. Ihr besonderes Augenmerk sollte auf die Übung *„Die Schildkröte zieht den Kopf ein"* gerichtet sein.

Die Schildkröte zieht den Kopf ein: Ahmen Sie die Bewegung der Schildkröte nach. Lockern Sie dabei Kopf und Schultern. So führen Sie die Übung aus:

Stellen Sie die Füße schulterbreit auseinander. Formen Sie einen Ball mit Ihren Händen, indem sich die rechte Hand oberhalb und die linke unterhalb des gedachten Balls befindet. Drehen Sie sich zur linken Seite, und bewegen Sie die linke Hand mit der Handinnenfläche in Augenhöhe, die rechte Hand gleitet in Hüfthöhe. Schauen Sie in den Handteller der linken Hand hinein, drehen dann die Hand zur „Hasenpfotenstellung" und holen nun auch die rechte Hand, mit der Handfläche zum Boden weisend, in Höhe der Linken. Beide Hände befinden sich nun in „Hasenpfotenstellung". Drehen Sie beide Hände dann zu sich, sodass Sie in die Handinnenflächen schauen können. Beugen Sie sich leicht zurück, und führen Sie beide Hände an Ihrer Körpermitte entlang. Gehen Sie dabei in die Kniebeuge. Ihre Hände gleiten an den Knien vorbei, dann strecken Sie die Arme, wechseln die Handstellung zur „Hasenpfote" und richten sich wieder auf, indem Sie sich leicht nach hinten beugen. Bewegen Sie beide Hände in Ohrenhöhe. Stoppen Sie die Bewegung für einen Moment, und kehren Sie die Bewegung in eine Vorwärtsbewegung um. Gleiten Sie nun mit beiden Händen von den Ohren, über das Haupt bis zur Körpervorderseite. Strecken Sie dabei die Ellenbogengelenke aus und gehen Sie bis zu den Knien nach vorn runter. Beim Aufrichten formen sich die Hände wieder zur „Ball-Halte-Stellung" zusammen, und Sie wechseln die Seite. Die rechte Hand geht in Gesichtshöhe nach vorn. Nehmen Sie Augenkontakt auf. Drehen Sie die Hand zur „Pfötchenstellung", und holen Sie die linke Hand in die gleiche Stellung nach. Wiederholen Sie nun die Übung wie für die linke Seite beschrieben.

Jede Seite bitte viermal, also insgesamt bewegen Sie achtmal beide Seiten.

Der Raum

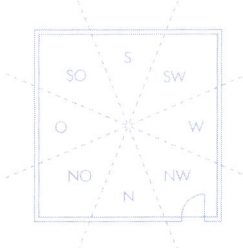

Um Geld und Segen von *Sun* anzuziehen, braucht es einen aufgeräumten, hellen und weiten Platz im Südosten. Großblättrige Pflanzen und rote Bänder sorgen für gute Geldmittel. Für den Reichtum steht im Feng Shui-Denken auch das Aquarium mit bunten Fischen. Sollten Sie keine Lust auf dieses Interieur haben, so empfehle ich Ihnen die Verwendung von Zimmerbrunnen. Diese regen die Atmosphäre wohltuend an und sorgen für das richtige Maß an Feuchtigkeit. Wählen Sie dabei in erster Linie kugelige, große Oberflächen, damit viel Staub aus der Luft gebunden wird.

Wasserfallbilder stehen für kreativen Energiefluss und regen die Gedanken an. Im Feng Shui-Denken setzt man sie zur Anziehung von Glück und Reichtum ein.

Große, üppige Pflanzen mit fleischigen Blättern sind nach chinesischer Auffassung ideal für die Unterstützung guter finanzieller Transaktionen, da sie eine Atmosphäre des Gedeihens schaffen.

Große, üppige Pflanzen schaffen ein Klima des Gedeihens.

Achtung:

Vermeiden Sie Kakteen, spitze Gegenstände, insbesondere die aus Metall, und vertrocknete Pflanzen im Südosten. Alles was im Bereich Reichtum verstaubt, klein, gammlig und unsauber ist, stört die Reichtumsenergie.

Ihre Affirmation für Ihren Erfolg

**Ich wähle Reichtum und Fülle in meinem Leben.
Ich akzeptiere Gesundheit, Erfolg und Glück.
Ich bin wie ein Magnet und ziehe den reichen Segen
und Überfluss des Lebens an.
Es ist mein Geburtsrecht, reich und glücklich zu sein.**

Legen Sie diese Affirmation in die Südostecke des Geldes und meditieren Sie täglich zirka fünfzehn Minuten darüber.

Aktivieren Sie Ihre Finanz-Ecke innerhalb Ihres privaten Zuhauses genauso wie in der Firma. Schauen Sie sich die Bereiche an, und stellen Sie fest, was sich bereits im Südosten befindet, um dann entsprechend aufzuräumen und Pflanzen aufzustellen. Blockiert dort eventuell ein Schrank, eine Gerümpelkammer, oder welken Pflanzen dahin?

Gießen Sie die Pflanzen in diesem Bereich. Entfernen Sie alle abgestorbenen oder vertrockneten Pflanzen.

Blaugrüne Farbe, Blau, dunkles Grün und Bilder von Pflanzen und Wasser aktivieren den *Geldfluss*.

Ein Wort zur Kasse

Die Kasse sollte sich möglichst auf der linken Seite eines Geschäftes befinden. Das ist die Tigerseite (zum Geschäft hinein blickend). Dort wird das Geld nicht so schnell ausgegeben und verweilt länger. Die Kasse benötigt eine feste Wand im Rücken und darf niemals vom Fenster her einsehbar sein.

- Stellen Sie nur wenige Gegenstände um die Kasse herum auf.

- Spiegel seitlich der Kasse angebracht verstärken die Reichtumsenergie.

Die Farbe

Hier haben Sie die gleichen farblichen Hinweise wie unter Chen.

Der Unterschied zu Chen ist im Bereich Südosten-Sun, dass das Grün jetzt in sommerlicher Reife, satt und dunkel steht. Grün steht für das Prinzip der Lebensbejahung, für Wachstum und Entfaltung. Erich Fromm schreibt dazu: „Die lebende Substanz hat die Tendenz zur Integration und Vereinigung. Sie tendiert dazu, sich mit andersartigen und gegensätzlichen Wesenheiten zu vereinigen und einer Struktur gemäß zu wachsen."

Lüscher spricht eher vom Tannengrün, wenn es um das Grün von *Sun* geht. Er drückt damit aus, dass es sich um das Grün von Härte, Beständigkeit, Durchhaltevermögen und Widerstandsfähigkeit handelt. Genau das ist unterstützend und segensreich auch für die Erhaltung des finanziellen Reichtums.

Im Feng Shui-Denken geht man davon aus, dass die Dinge, die den Menschen umgeben, auch physisch, geistig und seelisch auf ihn einwirken und ihn so bei der Durchführung seiner Ziele unterstützen können.

Die dunkelgrüne Farbe eignet sich besonders für Räume, die wie schon erwähnt nach Südosten zeigen. Grün steht in jeglicher Beziehung für Wachstum. Sollten das Büro oder die Praxis beispielsweise im Südosten liegen, so könnten längs gestreifte Tapeten, Säulenformen, grüne Wände, Pflanzen oder Bilder der Natur dort integriert werden.

Grün, insbesondere das Lindgrün, eignet sich auch für alle Computerräume, weil diese Farbe sehr beruhigend auf die Augen wirkt. Auch Hellgrün und Mint sind gute Farben. Für Gemüsehändler, Holzhandlungen und Buchhandlungen eignet sich Grün als Bodenbelag oder Regalfarbe.

Sollte der Geschäftseingang nach Südosten zeigen, so wäre ein grüner Anstrich der Tür sehr geeignet.

Grün auf einen Blick:

Farbe der Frische, des kollektiven Denkens, der Gesundheit und des Wachstums.

Schlusswort

Das Geheimnis, tatsächlich zu bewirken, dass in eurem Leben etwas funktioniert, besteht vor allen Dingen in dem tiefen Verlangen, das Funktionieren zu bewirken.

Dann in dem Glauben und der Überzeugung, dass es funktionieren kann.

Dann darin, dieses deutliche, fest umrissene Vorstellungsbild in eurem Bewusstsein zu halten und zuzusehen, dass es sich Stück für Stück herausarbeitet, ohne dabei den leisesten Gedanken des Zweifels oder der Ungewissheit aufkommen zu lassen.

Eileen Caddy

Haben Sie alle Strategien bis hierhin durchgearbeitet? War Ihnen etwas unangenehm? Welche Fragen beschäftigen Sie am meisten? Hürden sind dazu da, genommen zu werden. Der Lohn dafür wird sein, dass Sie gute Freunde, Anerkennung, gute Geschäftspartner und finanziellen Erfolg gewinnen.

Ich wünsche Ihnen, dass Sie die neun Strategien in Ihrem Leben immer wieder anwenden, sich selbst hin und wieder überprüfen und sich und anderen dadurch ein glückliches Leben bescheren. Die Kinder werden gedeihen, Ihr Partner sich erfreuen, Sie selbst mehr Ruhe und Gelassenheit genießen können, der Reichtum wird fließen und die Familienbeziehungen und die zu Ihren Geschäftspartnern werden vorbildlich sein. Wo immer Sie wollen, auf welchem strategischen Zweig der Imaginationen: Sie selbst haben Ihr Leben in der Hand. Ich wünsche Ihnen dazu die Unterstützung und den Segen des Himmels. Heißt es doch in der Bibel dazu:

Beschließt du etwas,
dann trifft es ein,
und Licht überstrahlt deine Wege.

Hiob 22,28

Dazu wünsche ich Ihnen alles Gute
Ihre Olivia Moogk

Antwortbogen zu:

DATUM: _____

❑ 1. Erfolg durch **Tai Chi**	❑ 6. Erfolg durch **Kan**
❑ 2. Erfolg durch **Chien**	❑ 7. Erfolg durch **Kun**
❑ 3. Erfolg durch **Tui**	❑ 8. Erfolg durch **Chen**
❑ 4. Erfolg durch **Ken**	❑ 9. Erfolg durch **Sun**
❑ 5. Erfolg durch **Li**	

❑ **Ja**	❑ **Nein**	❑ **Ja**	❑ **Nein**
❑ **Ja**	❑ **Nein**	❑ **Ja**	❑ **Nein**
❑ **Ja**	❑ **Nein**	❑ **Ja**	❑ **Nein**
❑ **Ja**	❑ **Nein**	❑ **Ja**	❑ **Nein**
❑ **Ja**	❑ **Nein**	❑ **Ja**	❑ **Nein**
❑ **Ja**	❑ **Nein**	❑ **Ja**	❑ **Nein**
❑ **Ja**	❑ **Nein**	❑ **Ja**	❑ **Nein**
❑ **Ja**	❑ **Nein**	❑ **Ja**	❑ **Nein**
❑ **Ja**	❑ **Nein**	❑ **Ja**	❑ **Nein**
❑ **Ja**	❑ **Nein**	❑ **Ja**	❑ **Nein**
❑ **Ja**	❑ **Nein**	❑ **Ja**	❑ **Nein**
❑ **Ja**	❑ **Nein**	❑ **Ja**	❑ **Nein**

_____

_____

_____

_____

*Fotokopieren Sie sich diesen Fragebogen!

Über die Autorin

Olivia Moogk hat sich in jahrelanger Tätigkeit auf dem Gebiet des Feng Shui die Herzen ihrer Klienten erschlossen.

Sie hatte in Ihrer Laufbahn als Therapeutin sehr früh leitende Positionen innegehabt. Ihr Engagement brachte sie nach China, wo sie ursprünglich Unterweisungen in traditioneller chinesischer Medizin (TCM) erhielt. In der Folge lernte sie, dass Räume und Gesundheitsaspekte unmittelbar zusammenhängen.

Feng Shui wurde zu einer Wende in ihrem Leben.

Seit mehr als einem Jahrzehnt ist Olivia Moogk seither bei den besten Meistern der Welt Schülerin gewesen und kann auf einen reichen Erfahrungsschatz zurückblicken. Ihr Unterricht und ihre Beratungtätigkeit sind gefragt und geschätzt zugleich.

Beflügelt von den Lehren großer Meister gründete sie 1998 die „International Feng Shui Research Association", um als erste Europäerin die Bande zwischen Meistern und Forschungswilligen zu knüpfen.

Ihre Ausbildung, ihre Beratungs- und Forschungsarbeiten sind vom Geist einer tiefen Liebe zur Natur und dem Menschen geprägt. „Motivieren, sensibilisieren und führen, auf dass der Mensch selbst wachsen und gedeihen kann", das sind Ansätze von Frau Moogk und ihrem Team.

Frau Moogk ist beliebter Gast bei Radio- und Fernsehsendern, wie beispielsweise „ZDF", „VOX", „3 Sat", „Deutsche Welle", „HR3" u.a.

Sie gibt regelmäßig Seminare für die Firma Beiersdorf. Ihre Bücher „Der große Feng Shui-Ratgeber", „Beauty Feng Shui" und „Geheimsymbolik des Feng Shui", sowie das unter ihrer Mitwirkung entstandene Buch „Sommernachtsträume" sind sehr gefragt.

Ausbildung • Beratung • Feng Shui - Versandhandel • Bücher • Schönheitsmittel

Int. Feng Shui Institut Moogk
Olivia & Hans Moogk
A. Goßmannstr. 18 · 65207 Wiesbaden
Tel. 06 11 – 501 666 · Fax 06 11 – 501 589
www.fengshuimoogk.de · e-mail: fengshuimoogk@telda.net

Literaturverzeichnis

Olivia Moogk, Beauty Feng Shui, Silberschnur, 1999

Olivia Moogk, Geheimsymbolik des Feng Shui, Silberschnur, 1999

Olivia Moogk, Business-Feng-Shui,Silberschnur 2001

Eva Katharina Hoffmann, Energiepflanzen im Haus, Panta Rhei, 1997

Carol Kennedy, Management Gurus, Gabler Verlag, 1998

Susan Hayward, Das kleine Buch der Weisheiten, Delphi Verlag, 1997

Harald Braem, Die Macht der Farben, Wirtschaftsverlag Müller/Herbig, 1987

Eisuke Sasagawa, Chi-Sue, Edition Shangrila, 1987

André Kostolany, Die Kunst über Geld nachzudenken, Econ Verlag 1999

Olivia Moogk

Geheimsymbolik des Feng Shui

Format 18,1 x 11 cm · gebunden · 108 Seiten
DM 19,80 / ÖS 145,- / sFr 19,00 · ISBN 3-931 652-63-7

Dies ist die erste Veröffentlichung dieser Art, die die „Taoistischen, Buddhistischen und die Acht Kostbarkeiten-Symbole" präsentiert. Die Macht der Symbole steht Ihnen zur Verfügung! Mit den Geheimsymboliken kann man Glück, Wohlstand, Gesundheit, gute Liebesbeziehungen und Kinderglück genauso anziehen wie Erfolg in geschäftlichen Angelegenheiten, Schutz und Macht.

Dass dabei Kodierungen, die mit den Himmelsrichtungen zusammenhängen, eine nicht zu unterschätzende Rolle im Leben spielen können und Formen zu Resonanzen im Körperinneren führen, sollte Sie nach diesem Büchlein nicht mehr verblüffen.

Olivia Moogk

Beauty Feng Shui

Format 20,5 x 26,8 cm · 136 Seiten, · gebunden · vierfarbig
DM 49,90 / ÖS 364,- / sFr 46,00 / ISBN 3-931 652-70-X

Lassen Sie sich von der Feng Shui-Expertin Olivia Moogk in das Reich der Farbsinne, Inneneinrichtung, Ernährung und Bewegung einladen, und vertrauen Sie ihrer Kompetenz, die sie sich in China erworben hat. Schönheit wurde noch nie so ganzheitlich aufgefasst und beschrieben, wie es dieses Buch tut. Folgen Sie auf Schritt und Tritt den acht Säulen der Schönheit, und seien Sie sich gewiss, dass Ihre Stärke, Ausstrahlung und Anziehungskraft steigen werden.

Neuerscheinung 2001

Olivia Moogk

Business-Feng-Shui

Erfolgreiche Geschäftsleute auf der ganzen Welt verfolgen die Prinzipien des Feng Shui, ob die „Bayrische Vereinsbank", „Siemens", die „Hongkong & Shanghai Bank" oder die „Amerikanische Handelskammer". Sie und viele andere mehr beachten die Gesetzmäßigkeiten des Feng Shui für ihr Business.

In diesem Buch werden Erfolgsgewillte in 18 leicht nachvollziehbaren Schritten erfahren, wie sie ihre Geschäfte zu großem Erfolg führen können. Dabei geht man außergewöhnliche Wege, um seine Führungsqualitäten zu optimieren, die Krankheitsrate zu senken, das kreative Potential zu wecken und Kunden anzuziehen.

Dieses Buch bedient sich einer 5000 Jahre alten Strategie, die über Selbsterkenntnis bis hin zur Raumeinrichtung ungewöhnliche Wege beschreitet und ist das erste in seiner Art, das diese alte Wissenschaft in unser modernes Denken transformiert.

Wenn Sie sich in das Thema einlesen möchten, so empfehlen wir die von der Autorin bereits erschienenen Bücher: „Die Geheimsymbolik des Feng Shui" aus dem Verlag *Die Silberschnur* und „Der große Feng Shui Ratgeber", erschienen im Verlag *Haag & Herchen*.